Skilauf in der Buckelpiste

Der Autor:

Walter Olbert

Facharzt für Allgemeinmedizin, Sportmedizin, Akupunktur in Buchloe
Seit 1994 Initiator und Teilhabe an einer Anzahl von internationalen sport-
medizinischen Projekten mit den Themen: Funktionsfähigkeit des alpinen
Skischuhs, sportmedizinische Aspekte im Buckelpistenskilauf,
Sicherheit im alpinen Skilauf.

Walter Olbert

Skilauf in der Buckelpiste

Eine Lernhilfe

Bibliografische Information der Deutschen Nationalbibliothek:
Die Deutsche Nationalbibliothek verzeichnet diese Publikation in der Deutschen Nationalbibliografie; detaillierte bibliografische Daten sind im Internet über http://dnb.dnb.de abrufbar.

© 2013 Walter Olbert

Illustration: Walter Olbert

Herstellung und Verlag: BoD – Books on Demand, Norderstedt
ISBN 978-3-7392-9906-8

Inhaltsverzeichnis

A. Vorwort..9

B. Die Buckelpistentechnik mit Hinweisen zur
   Erleichterung und Verbesserung..11
   1. Beginn, Startplatz..11
   2. Gedankliche Planung..13
   3. Beginn der Fahrt...14
   4. Beginn des Wellenausgleiches...................................14
   5. Wahl der Richtung...16
   6. Wellenkuppe und Stockeinsatz..................................17
   7. Räumliche und zeitliche Zuordnung am Prallhang.............20
   8. Ruhiger Oberkörper...28
   9. Optimierung der Schwerpunktlage..............................40
   10. Bremsphase, alpine Grundposition, Kanten..................44
   11. Übergang zur nächsten Kurve...................................55
   12. Wichtige Abstimmung auf dem Prallhang.....................58
   13. Ski- und Beinstellung geschlossen.............................58
   14. Umgebungsbedingungen...61

C. Beschreibung nicht ausschließlich buckelpisten-
   spezifischer Merkmale..63
   Arme...63
   Alpine Grundposition, Merkmale.....................................64
   Technische Merkmale des Tiefschwunges........................70

D. Übungen außerhalb der Buckelpiste.................................74
   Tiefschwung..74
   Isolierung einzelner Phasen des
   Bewegungsablaufs..76

E. Andere Fahrweisen in der Buckelpiste 79

F. Spezielle Trainingsformen: In der Gruppe, ohne Ski
   und in der schneefreien Zeit 82
   Partnerübung 82
   Übung ohne Ski zur „Ausleitung" von eingeübten
   hinderlichen Haltungen 83
   Trockenübungen 84
   Inline-Skating 85

G. Schneearten 86

H. Material 89
   Ski 89
   Stöcke 89
   Skischuhe 90

I. Gesundheitsfaktor, Körperbau und Medizinisches 92
J. Einige persönliche Erlebnisse und Anmerkungen
   zur Entwicklung des Buckelpistenskilaufs 95
K. Erklärung einiger Ausdrücke 103
L. Dank 106
M. Personenregister 107
N. Literatur 108

Abbildungsverzeichnis

Abbildung 1: Aufstellung in Fahrtrichtung..................................12
Abbildung 2: Tiefschwung, ganzer Bewegungszyklus..................16
Abbildung 3: Nachhängender Stockeinsatz (hinderlich)............18
Abbildung 4: Verkrampfte Haltung beim Stockeinsatz, angehobene
 und nach vorne gezogene Schulter (hinderlich)............18
Abbildung 5: Richtiger Stockeinsatz..19
Abbildung 6: Örtlich und zeitlich optimale Streckung der Beine
 am Beginn der Prallhangfahrt......................................22
Abbildung 7: Nicht zielführendes Driften in den Buckeln................23
Abbildung 8: Zielführendes Driften in den Buckeln......................24
Abbildung 9: Nach außen lenken..27
Abbildung 10: Absorbieren am Buckel..29
Abbildung 11: Absorbieren...30
Abbildung 12: Tiefschwung auf der planen Piste..........................32
Abbildung 13: Rücklageposition...39
Abbildung 14: Drücken der Skispitzen ins Buckeltal......................40
Abbildung 15: Sprunggelenksbeweglichkeit ohne Skischuh............41
Abbildung 16: Sprunggelenksbeweglichkeit mit Skischuh..............42
Abbildung 17: Optimaler Einsatz von Kanten-Schneiden-Driften......44
Abbildung 18: Seitbewegung während die Beine beugen und
 Strecken..48
Abbildung 19: Seitbewegung und Wellenausgleich......................49
Abbildung 20: Betonte seitliche Streckung der Beine...................50
Abbildung 21: Übergang zur nächsten Kurve..............................56
Abbildung 22: Auffahrt auf den Prallhang...................................58
Abbildung 23: Offene Beinstellung...59
Abbildung 24: Geschlossene Beinstellung...................................60
Abbildung 25: Armhaltung vor dem Körper................................64

Abbildung 26: Parallele Achsen der Sprung-, Knie-, Hüft- und
 Schultergelenke (Frontalansicht)..................................65
Abbildung 27: Parallele Achsen der Sprung-, Knie-, Hüft- und
 Schultergelenke (Seitenansicht)..................................66
Abbildung 28: Tiefschwung auf planer Piste..................................71
Abbildung 29: Körperschwerpunkt bleibt in gleicher Höhe..................72
Abbildung 30: Verschiedene Körperproportionen..................94

A. Vorwort

Rasante Entwicklung und Lernerleichterung prägen den Skilauf während der letzten Jahrzehnte. Ein junger Skischüler als totaler Anfänger kann heute nach drei Tagen Skischule ohne Probleme eine rote oder blaue Piste herunterfahren. Welch ein Erfolg gegenüber wochenlangen Winzig-Schritten vor fünfzig Jahren! Dieser hohe Spaßfaktor der Skiwelt sollte uns aber trotzdem anspornen, weiter sportliche Herausforderungen zu suchen. Eine davon ist die Buckelpiste.

Der Freeride-Boom lässt auch in den Ostalpen hauptsächlich in Tal-Nähe wieder mehr Buckelpisten entstehen. Allerdings werden diese von sonst guten Geländefahrern oft als Belastung angesehen, weil die Buckeltechnik eben nicht gelernt wurde. Tenor gestreuter Bemerkungen in Freeride-Kreisen: „Du musst deine Kräfte schonen, dienächste nächste Buckelpiste kommt bestimmt!" Know-how tut hier not.

Die verfügbaren Schriften und Anleitungen zum Buckelfahren in Büchern, Zeitschriften und Internet gehen sehr wenig auf Einzelprozesse des Lernens ein und zielen meistens auf Techniken ab, die die Beibehaltung des Schneekontaktes nicht als unverzichtbares Prinzip wahrnehmen und somit der weit verbreiteten Meinung Vorschub leisten, Buckelfahren schade den Gelenken, was bei einer solchen Fahrweise auch tatsächlich geschieht. Mir scheint es dagegen wichtig, eine Technik zu vermitteln, die nicht schadet, sondern im Gegenteil den Muskel-Gelenk-Apparat im positiven Sinn trainiert und auch die Herz-

Kreislauf-Leistungsfähigkeit steigern kann.

Seit 1994 habe ich gemeinsam mit zwei Sportwissenschaftlern sowie einem Spitzensportler aus dem Bereich Buckelpiste (vgl. S.107) einige wissenschaftliche Projekte zur Darstellung des Bewegungsablaufes auf der Buckelpiste und auch zur allgemeinen Akzeptanz der Buckelpiste im Skigebiet durchgeführt. Neben den jeweils speziellen wissenschaftlichen Aufarbeitungen ergab sich dabei vielfach die Gelegenheit, gemeinsam praktische sport-technische Fragestellungen zu erörtern und zu üben. Viele dokumentierte Meinungen und Empfehlungen haben sich dabei in meinen Aufzeichnungen angesammelt, die dem interessierten Fahrer dienlich sind und die ich in keiner verfügbaren Literatur finden konnte.

Meiner Erfahrung nach fahren viele Freizeitskifahrer aus zwei wesentlichen Gründen eher unsicher oder gar nicht in Buckelpisten: 1. Sie befinden sich oft in steilen Hängen, wo sich nur sehr gute Skiläufer hintrauen und 2. sie wissen gar nicht, worauf sie achten sollen. Deshalb möchte ich helfen, den Spaß am Buckelpistenskilauf zu fördern, denn eins steht für mich fest: wer einmal ein Erfolgserlebnis in der Buckelpiste hatte, bei wem „der Knoten geplatzt ist" und wer erfahren hat, was es bedeutet Geschwindigkeit und Schneekontakt zu kontrollieren, der ist begeistert und wird weiterhin nach Buckelpisten Ausschau halten.

Nicht zuletzt hat hier auch der Umweltfaktor eine hohe Bedeutung: Der Buckelpistenfahrer benötigt verglichen mit den Fahrern auf der planen Piste etwa zwei Drittel bis die Hälfte der Liftkapazität (wesentlich geringere Geschwindigkeit sowie erforderliche Pausen zum Kraft-Schöpfen) und keinerlei maschinelle Präparation. Zusätzlich benötigt er wegen der nicht erforderlichen langen Abfahrt-Distanzen (die bei zügigen Fahrten auf der ebenen Piste den Spaß bringen) kaum Kunstschnee-Strecken. Ein gewaltiges Einsparpotenzial an Ressourcen summiert sich: weniger Energieverbrauch der Lifte, weniger Speicherseen mit immensem Wasserverbrauch für Kunstschnee, weniger Energieverbrauch für Kunstschnee-Erzeugung, kaum Energieaufwand für Präparierfahrzeuge.

B. Die Buckelpistentechnik
mit Hinweisen zur Erleichterung und Verbesserung

In diesem Kapitel wird in zahlreichen Schritten der Bewegungsablauf des Buckelpisten-Schwunges beschrieben, sowie auf mögliche Fehler und deren Behebung eingegangen. Die Nennung ‚links' und ‚rechts' kann jeweils gegengleich vertauscht werden.

1. Beginn, Startplatz

Die Einnahme der Startposition und die Konzentration auf das Kommende kann im Sport manchmal wichtig sein, ein anderes Mal völlig nebensächlich. Hier in der Buckelpiste sollten wir schon bedachtsam an die Fahrt herangehen, allerdings nicht verkrampft. Wir stellen uns etwa in Falllinie auf (vgl. Abb. 1). Von unserem Startplatz aus sollten wir gelassen den ersten Abschnitt des Hanges überblicken.

Ein Tipp: Da wir uns manchmal in etwas steilerem Gelände befinden, müssen wir mit den Skiern quer zum Hang stehen und uns beim Blick in die Fahrtrichtung verwinden. Dies stört die entspannte Inspektion. Falls es die Schneelage erlaubt, kann man nun die Skier in Fahrtrichtung, also einen nach dem anderen um 90° gedreht, mit dem Skiende in den Schnee rammen, so dass der Vorderski leicht von der Waagerechten nach oben abweichend aus dem Schnee herausragt. Mit dem Bindungsabschnitt stehen wir dann noch auf dem Schnee. So können wir bequem und aufmerksam den Hang beurteilen.

Abbildung 1: Aufstellung in Fahrtrichtung

2. Gedankliche Planung

Gedankliche Erfassung der Fahrtlinie in Reichweite der nächsten vier bis fünf Buckel. Bei der weiteren Fahrt sollte immer ein Abschnitt von 3 bis 5 Buckeln überblickt und geplant werden. Dies durchzuhalten ist wichtig, einige Überlegungen und mögliche Fehlerquellen dazu:

- **Fehlende Übersicht**
  Der Blick richtet sich beim Fahren fälschlicherweise auf die Fläche der ersten ein bis drei Meter unmittelbar vor den Skiern.

  Abhilfe:
  Überlegen, was da die Ursache ist. Oft ist es unterschwellig Angst oder Verkrampfung, denn die natürliche und korrekt orientierende Blickrichtung beinhaltet, dass man die nächsten 20 bis 30 Meter überblickt. Diese Vorgabe sich in allen Situationen des Skilaufens immer wieder neu abrufen.

- **Zu kurzes und zu enges Sichtfeld**
  Wir sind überfordert, wenn wir den Blick auf den Nahbereich richten und innerhalb der nächsten 1 bis 2 Meter über unsere Technikanwendung in den Buckeln entscheiden müssen (auch wenn dies zum Teil unterbewusst erfolgt). Hinderliche bzw. weniger zielführende Bewegungen sind die Folge.

  Abhilfe:
  Einen Überblick über die nächsten 3 bis 5 Buckel verschaffen. Am Start: gedanklich die Linie für diese Strecke durchspielen, an die jeweiligen Körperwendungen denken, an die Rechtzeitigkeit, die Betonung von bestimmten Phasen und die erforderliche Lockerheit. Dieser Plan muss nicht 1:1 umgesetzt werden. Aber die Vorausempfindung versetzt uns in die Lage, die spätere Umsetzung mindestens zu einem geringen Teil vorher schon zu wissen. Dies schafft Freiraum.

Die Vorausschau über die benannte Buckelzahl während der Fahrt immer wieder neu herstellen.

- **Lernhilfe bei vergeblicher Suche nach einer gelungenen Linie:**
Wenn man die Möglichkeit hat, hinter jemandem herzufahren, der die Buckelfahrt mit Schneekontakt sehr gut und deutlich besser als man selbst beherrscht, so sollte man dies unbedingt nutzen. Sehr wichtig dabei ist es, einen möglichst geringen Abstand zu halten, damit man der Linie möglichst genau folgen kann. Sie werden feststellen, dass Sie eine Fahrstrecke meistern, die sie allein bei weitem nicht so bewältigen könnten. Der Hauptgrund dafür ist, dass der „Instruktor" eine wesentlich bessere Linie gewählt hat als Sie es vielleicht allein getan hätten. Ein Weltspitzen-Fahrer, mit dem wir längere Zeit in diversen Projekten zusammengearbeitet haben, vertritt die Meinung: „Die Linie ist das A&O".

3. Beginn der Fahrt

In weitgehend aufrechter Haltung Beginn der Fahrt leicht nach links kurvend am Höhepunkt des ersten Buckels vorbei zielend.

Da wir uns in einer Lernphase befinden und unsere Fahrten öfter unterbrechen, tritt diese Beginnphase häufig auf. Wichtig dabei ist es, immer wieder die Richtung bei der ersten Kurve zu   ändern und dabei den unterschiedlichen Eindrücken nachzuspüren. Dies ist am Anfang bei geringer Geschwindigkeit leicht möglich.Stichworte: Auf welcher Seite bin ich sicherer? Auf welcher Seite gelingt mir der Kanteneinsatz besser?

4. Beginn des Wellenausgleiches

Hier beginnt also der Tiefschwung (vgl. S. 70 ff, S.103), das hauptsächlich prägende Merkmal bei der Buckelpistenfahrt.

Bei Erreichen des ersten Buckels im Sprung-, Knie- und Hüftgelenk (später als die drei relevanten Gelenke bezeichnet) so weit beugen, dass der Schwerpunkt des Körpers während der Fahrt in gleicher Höhe bleibt (vgl. Abb.29, S. 72), gleichzeitig (früh genug) die Knie nach rechts kippen und somit die sich darstellende Rechtskurve einleiten. Ein aktives Drehen der Skier sollte gar nicht notwendig sein, weil dies durch die Fahrtdynamik und das Geländerelief bewirkt wird. Während dieser Phase des Schwunges trifft der Fahrer seine Linienwahl für die Buckelpiste, weil er mit dieser ersten Kurve meist schon den Ort seiner nächsten Kurve festlegt.

- Naturgemäß ist dieser Schwung auf der planen Piste ein „Fremdkörper" und - falls man ihn trotzdem anwendet – weniger effektiv für den Kanteneinsatz und die Richtungsänderung als ein für dieses Gelände (plane Piste) geeignete andere Schwungausführung. Die uns im Allgemeinen zur Verfügung stehende Geländeform (plane Piste) motiviert uns also nicht, den Tiefschwung anzuwenden. Wir sollten jedoch als „Buckelanwärter" den Tiefschwung auch außerhalb der Buckelpiste immer wieder üben. Im „Ski-Alltag" wird dieser nämlich kaum eingesetzt, selbst wenn man ihn früher einmal gelernt hat.

Übungsmöglichkeiten:
Jedes Gelände , in dem Wellen sind (das kann auch eine einzelne Unebenheit sein), zur Übung des Tiefschwunges nutzen, z.B.: Abfahrten im freien Gelände; Plätze, die sich für einen eleganten Sprung anbieten, mal anders nutzen und mit Tiefschwüngen Schneekontakt halten; Übergänge von der präparierten Piste ins Freigelände; Wellenbahnen in Snow-Parks.

Im Frühjahr, bei wärmeren Temperaturen und Sonnenschein, bilden sich am Nachmittag auf flachen und mittelsteilen präparierten Pisten oft deutliche Buckel aus. Diese sind meist problemlos ohne Ausgleichen mit einfachem Umkanten zu umfahren. Wir hingegen als Buckel-Anwärter sollten diese Strecken

Abbildung 2: Tiefschwung, ganzer Bewegungszyklus

als Übungsplätze annehmen und Tiefschwünge fahren.

5. Wahl der Richtung

Die minimale Drehung der Skier unmittelbar nach dem Start und die damit aufgenommene Fahrt wird hier nicht beschrieben, weil sie dem Fahrtbeginn zuzuordnen ist und nur einen Teil der Elemente in voller Fahrt repräsentiert.

Die Wahl der Richtung bedeutet hier, dass sie uns in die angezielte Buckellinie führt. Oft stellt sich innerhalb der ersten zwei bis vier Buckel eine mögliche Verzweigung der Linie dar, die unsere Wahl der Richtung am Start beeinflusst. Auch hier ist es wichtig, Lernanreize wahrzunehmen und immer wieder verschiedene Möglichkeiten auszuprobieren.

6. Wellenkuppe und Stockeinsatz

Sodann wird der Punkt der maximalen Beugung erreicht. Dies ist nicht die Kuppe des Buckels, sondern ein Punkt, der seitlich tiefer davon liegt, auch genannt ‚Buckelflanke'. Zu diesem Zeitpunkt erfolgt auch der Stockeinsatz, und zwar wie von selbst, weil sich Rumpf und Schultern der Schneeoberfläche genähert haben. Die Arme sind nach vorne und etwas seitlich gerichtet, im Ellenbogen leicht gebeugt. Nach der maximalen Beugung beginnen sich Sprung-, Knie- und Hüftgelenke wieder zu strecken.

Mögliche Fehler:

- **Verkrampfung**
  Armhaltung: Wenn eine Fahrt misslingt oder wenn man verkrampft, werden die Ellenbogen oft abgewinkelt und die Hände zum Körper herangezogen oder es wird anderweitig eine verkrampfte Haltung eingenommen (vgl. Abb. 4).

  Abhilfe:
  Vgl. S. 63 und S. 83

- **Zeitpunkt des Stockeinsatzes:**
  Auf der Buckelhöhe, wenn sich Rumpf und Schultern der Schneeoberfläche genähert haben. Jedoch sollte der Stock bewusst sehr früh eingesetzt werden.

Abbildung 3: nachhängender Stockeinsatz (hinderlich)

Abbildung 4: verkrampfte Haltung beim Stockeinsatz, angehobene und nach vorne gezogene Schulter (hinderlich)

Abbildung 5: richtiger Stockeinsatz

→deutlich weiter vorne als auf der normalen Piste. Dadurch kann man erreichen, dass man erstens aktiv den nächsten Buckel „angreift" und zweitens tendenziell in der Position weiter vorn bleibt. Bei deutlich verspätetem Stockeinsatz kommt es zusätzlich zu einer ungünstigen Bewegungsstörung: Schulter und Arm bleiben an dem arretierten Stock „hängen", während der übrige Körper weiter gleitet.

Abhilfe/Lernweg:
Eher den Stockeinsatz bringen.

Schulter und Arm bleiben auch hängen, wenn der Stock zu lange und/oder mit zu viel Kraft eingesetzt wird. Also versuchen, den Stockeinsatz ganz kurz, bewusst und spielerisch zu bringen.

- **Unruhige Bewegungen der Arme**

    Abhilfe:
    Oft Ausdruck von Unsicherheit, einfacheres Gelände wählen und dabei speziell an die ruhige Haltung der Arme denken. Die Hände stets vor der Hüfte lassen.

    Mögliche Ursache wie oben beschrieben „Zeitpunkt des Stockeinsatzes…".

    Unnötige Bewegungen des Oberkörpers übertragen sich auf die Beine . Deswegen versuchen, den Rumpf mit Schultergürtel und den Armen als stabilisierende ruhige Einheit zu empfinden.

- **Der zu lange Stock**
    Falls der Stock die Standardlänge besitzt, ist er für die Buckelpiste etwas zu lang. Die Bewegung wird unruhiger, weil man beim Stockeinsatz den Arm zusätzlich nach oben wendet und diese Bewegung setzt sich auf Schulter und Rumpf und letztlich auch auf die Beine fort.

    Abhilfe:
    Stöcke kürzen (Beispiel: 180 cm Körperlänge etwa 110 cm Stocklänge empfehlenswert)

7. Räumliche und zeitliche Zuordnung am Prallhang

Die Auffahrt auf den Prallhang (vgl. S. 107) beginnt mit der Streckung der Beine. Dabei und während der unmittelbar nachfolgenden Phase der Beugung in Knie-, Hüft- und Sprunggelenken soll sich der maximale Druck gegen die Schneefläche aufbauen. Die Beugung, ein exzentrisches Nachgeben hauptsächlich der Oberschenkeluskulatur bezeichnet man auch als „Absorbieren" (man stelle sich vor, man springt auf einem Trampolin und möchte plötzlich nicht mehr vom Tuch hochgeworfen werden, sondern abbremsen → man gibt aus den Beinen heraus exzentrisch nach, so dass die Energie, die einen nach oben geworfen hätte, verpufft).

Die Ansteuerung des Prallhanges ist eines der wesentlichsten Elemente, weil eine hier versäumte ausladende und driftende Linienführung und Steuerung bei deutlich nach außen geführten Beinen schnell zum Verlust des Schneekontaktes führt und weiter entweder zum Verlust der Kontrolle oder bei entsprechendem Können zur fortgesetzten Fahrt mit Aufprallphasen.

- **Zu enge Kurven**
  Ein häufiger Fehler ist es, während der Lernphase bei eher langsamer Fahrt die Streckung der Beine zu früh zu beenden und die dabei stattfindende Kurve zu eng zu setzen. Dann driften die Skier aufgekantet, ohne viel Druck zu erhalten und somit ohne Bremswirkung zu generieren, auf dem Hügelabhang entlang (Stichwort „Angstbremsen") . Man trifft auf den Prallhang erst an dessen Ende und wird dort wie von einem Schanzentisch weiter katapultiert. Mit der subjektiven Vorgabe, möglichst enge Kurven zu erreichen, „schießt man über das Ziel hinaus" und macht engere Kurven als notwendig, was zu Beginn der Fahrt bei geringer Geschwindigkeit auch gelingt.

  Abhilfe:
  Ausladendere Kurve fahren mit der Wirkung, dass die Streckung (und Steuerung) bei Erreichen des Prallhanges effektiv eingesetzt wird. Denn mit der Streckung an der richtigen Stelle wird die Bremswirkung erzielt. Man sollte immer wieder daran denken: „ausladende Kurve" (= einen Punkt möglichst weit seitlich während des Umkantens ansteuern). Nebenbei: Die Buckelfahrt besteht in etwa aus wechselseitig zusammengesetzten Halbkreisen (oder Ellips-Segmenten), bei denen der Radius in Richtung der Hangneigung nicht vergrößert werden kann, weil der nach unten weisende Bogen in den vom Gelände vorgegebenen Bogen der nächsten Kurve übergeht. Der horizontale Radius kann, zumindest in geringer Dosis, schon vergrößert werden (vgl. Abb. 9). Selbst wenn keine tatsächliche

Änderung des Fahrtweges nach außen erreicht werden kann, so ergibt dies eine Verstärkung der alpinen Grundposition (vgl. S. 64 ff und S. 103), wodurch eine bessere Fahrt auf dem Prallhang gelingt.

Abbildung 6: Örtlich und zeitlich optimale Streckung der Beine am Beginn der Prallhangfahrt

- **„Rückfall" in andere Schwungformen**
Manchmal ist die Distanz zum nächsten Buckel etwas größer, so dass dazwischen eine ebene Fläche liegt, die zum Zwischen-

schwung ohne Ausgleichsbewegung einlädt und zur Rückkehr zum Nicht-Buckel-Fahren.

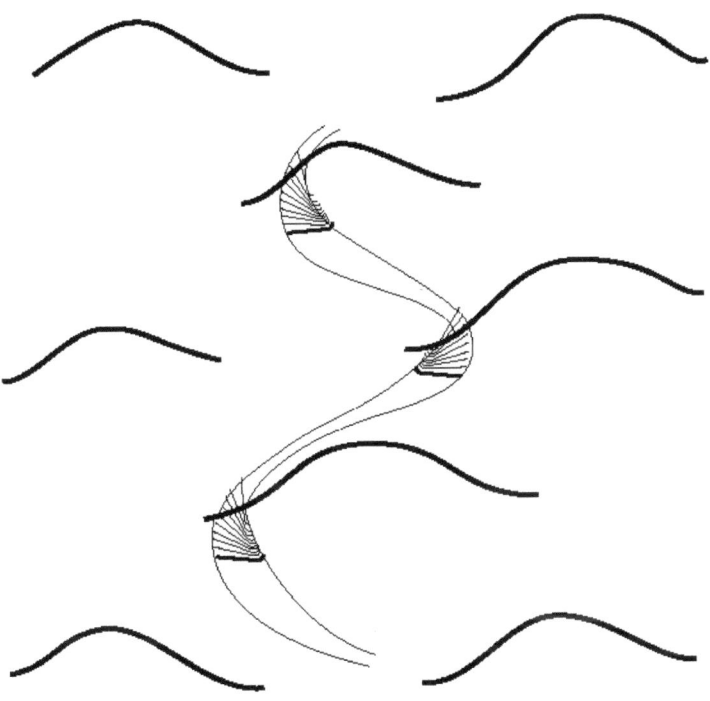

Abbildung 7: Nicht zielführendes Driften in den Buckeln

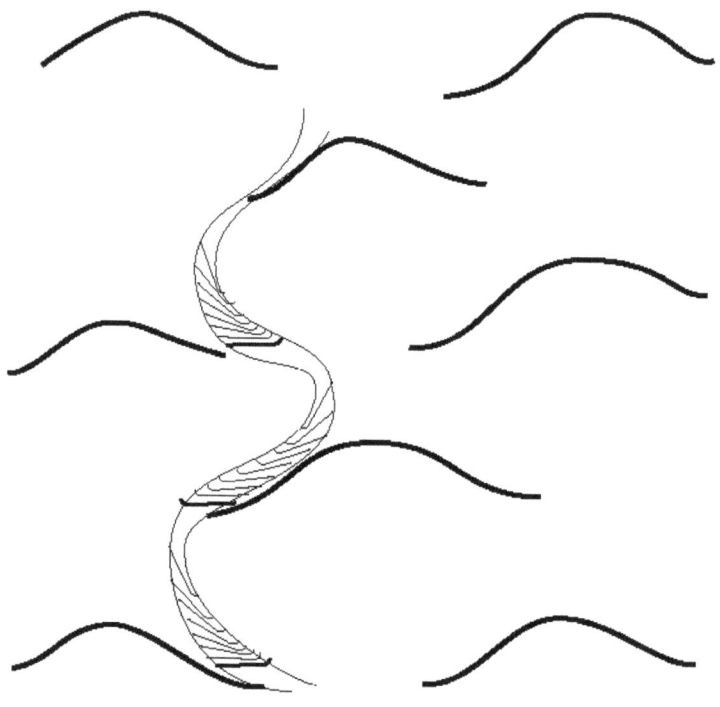

Abbildung 8: Zielführendes Driften in den Buckeln

Abhilfe:
Auch hier sollte man erst weiter unten den wieder ansteigenden Gegenhang ansteuern und nicht auf der ebenen Fläche die Kurve ansetzen, und zwar deswegen, weil wir keine Möglichkeit auslassen sollten, um den Ausgleichsschwung bzw. das Absorbieren zu üben .

- **Verlust des Schneekontaktes**
Wenn es uns gut gelingt, jeweils den Prallhang situationsgerecht anzusteuern und ihn als „Bremswall" zu nutzen, so besteht die Gefahr, dass wir zu direkt von Prallhang zu Prallhang steuern und die Kurven enger werden. Dabei treffen wir, auch bei korrekter Abfederung, mit mehr Wucht auf den Prallhang auf und wir verlieren teilweise den Schneekontakt.

Abhilfe:
Hier sollte die erste Vorgabe sein, weit nach außen zu zielen, das korrekte Ansteuern des Prallhanges sollte dann wie von selbst die Folge sein.

- **Ausbleibende Kräfte**
Manchmal, bei höherer Geschwindigkeit, baut sich trotz Buckelangepasstem, korrektem und schnellem Beugen der drei Gelenke ein hoher Druck während des Beugens auf, der in der Stärke bereits fast dem Druck beim Strecken der Beine entspricht, z.B. wenn die Prallhangfläche weit nach oben reicht. Dadurch wird mehr Kraft erforderlich, auch wenn technisch korrekt mit Schneekontakt gefahren wird.

Abhilfe:
Von der technischen Durchführung her nicht erforderlich. Falls wegen der Kraft Probleme entstehen: kürzere Abschnitte fahren, anderes Gelände wählen. Muskelaufbau-Training, Beinkraft-unterstützende Sportarten.

- **Kontrollverlust bei steigender Geschwindigkeit**
Am Prallhang werden wir beim Kanteneinsatz und Driften von zwei Seiten her eingeengt. Einerseits benötigen wir Kanteneinsatz und Driften, um die Geschwindigkeit zu drosseln und andererseits zwingt die Buckelform unsere Skier in Bewegungsrichtungen, die bei korrekter Verfolgung der sich anbietenden Fahrlinie Aufkanten und Querstellen nur wenig zulassen.

Die Geschwindigkeit wird dabei schnell höher als erwünscht. Da wir diese also nicht beliebig herunterdrosseln können wie z.B. in den Kurven auf einer planen Piste, stellen wir fest, dass man die Buckel mit einer gewissen „Mindestgeschwindigkeit" fahren muss, falls wir eine Stil-korrekte Ausführung wünschen. In letzterem Punkt ähnelt die Fahrt in der Buckelpiste den Schwüngen im Tiefschnee.

Abhilfe:
Passagen mit Driften und Kanteneinsatz erzwingen durch:

So weit wie möglich nach seitlich außen lenken. Bei der Rückkehr zur zentralen Achse der Fahrt erreichen wir einen Punkt auf dieser Achse, der weitgehend identisch ist mit dem Punkt, den wir passieren würden, wenn wir die Kurve enger fahren würden. Denn die Lage dieser Passageplätze oder –Punkte entlang der Hauptfahrachse ist festgelegt (vgl. Abb. 9). Durch das oben empfohlene größere Kreissegment kommt es vor, dass wir in der Steuerphase gefühlt sogar etwas bergauf fahren müssen. Bei dem so gefahrenen größeren Kreissegment werden die Beine etwas mehr gekippt und verstärktes Driften und Bremsen wird möglich.

Den Körperschwerpunkt zu Beginn der Steuerphase, d.h. am Beginn des Prallhanges weit nach vorne bringen, damit die Skier im Frontbereich genügend greifen und in die Kurve eindrehen.

Aus dem Stand mit Stockabstützung eine einzelne ausladende Bogenfahrt probieren und im Anschluss vom gleichen Startpunkt aus die engere Fahrt setzen und dem Unterschied nachspüren.

Die „aufgezwungene" Geschwindigkeit tolerabler machen oder die Geschwindigkeit geringer halten (**vgl. S. 35 oben**). Bei einfacheren Bedingungen die Fahrt auf dem Prallhang üben (vgl. S. 61 unten).

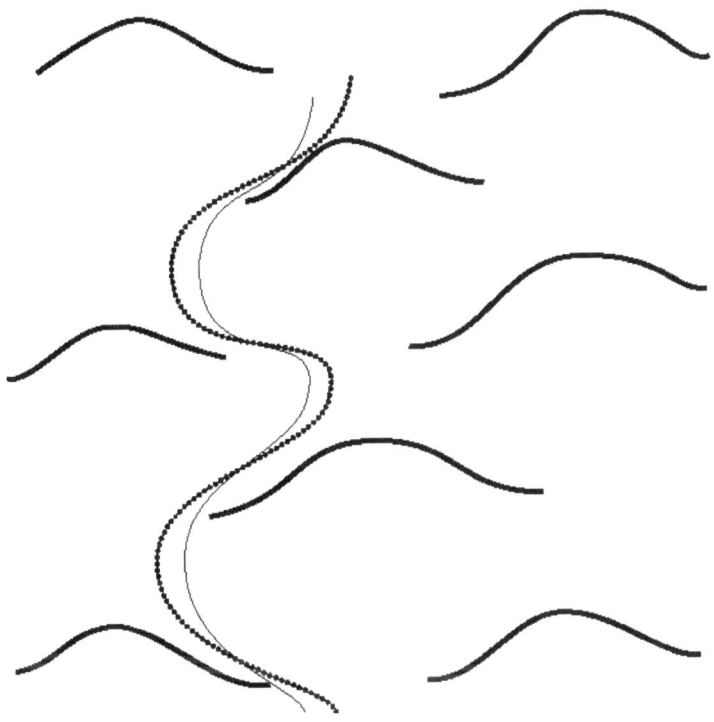

Abbildung 9: Nach außen lenken (= gepunktete Linie)
Ungünstigere Variante (= durchgezogene Linie)

Nebenbemerkung: Die oben beschriebenen Vorgänge hören sich wie zerlegbare Bewegungssegmente an, z.B. beim Schwung auf der planen Piste, wo man Stück für Stück die einzelnen Phasen gleichsam in Zeitlupe verfolgen kann. Das ist hier in den Buckeln bei weitem nicht so: Die Schwünge weisen zwar exakt die beschriebenen Einzelheiten auf, die Segmente sind jedoch z. T. ineinander verschmolzen und die Abfolge so schnell, dass das beobachtende Auge es nicht analysieren kann. Wohl aber kann man als Fahrer die beschriebenen Bewegungsmerkmale erfühlen und umsetzen oder in einem Video in Zeitlupe anschauen.

- **Erschwerte Zuordnung der einzelnen Kurvenphasen bei der Wahl der Linie**
  Manche Fahrer tun sich schwer, eine günstige Fahrspur zu finden. .

  Lernweg und Hilfe:
  Beim Anblick eines Buckel-Reliefs sollten wir erkennen, an welcher Stelle wir am besten die bremsende driftende Streckphase (Streckung der drei relevanten Gelenke) der Kurve setzen. Dies ist der Weg längs des Prallhanges knapp oberhalb der tiefsten Absenkung der Buckelrinne. Die Betrachtung des Reliefs und die Vorstellung, dass wir dort den Ski entlang führen, kann für die nachfolgende Umsetzung hilfreich sein, weil wir uns dabei auch die dazugehörige Bewegung vorstellen (vgl. Abb. 8).

8. Ruhiger Oberkörper

Durch die Streckung der Beine nach außen kommt es (zumindest tendenziell) zum Einsatz der hangseitigen Kanten. Der Oberkörper bleibt ruhig und leicht nach vorne gebeugt, dabei weitgehend im rechten Winkel zur Hauptfahrtrichtung positioniert. Dies gilt für den gesamten Ablauf des Schwunges.

Ein unruhiger Oberkörper hat oft folgende Ursachen:

- **Der Kopf bewegt sich unruhig**
  Dies geschieht oft deswegen, weil der Fahrer die sich schnell

ändernde Schneefläche in unmittelbarer Umgebung seiner Skier im Blick hat. Die Kopfhaltung ist deswegen wichtig, weil der Kopf als „Zentrum" seine Bewegungsimpulse auf den übrigen Körper zum Teil überträgt. Beim Blick während der Fahrt in die Nähe bewegt sich der Kopf unruhiger als beim Blick in die Ferne.

Abhilfe:
Den Blick weiter nach vorne richten, wie oben beschrieben.

- **Zu geringes Beugen und Strecken**
  Die Beine werden bei Buckelbeginn nicht genug oder zu passiv angezogen („Hineinfallen" in das Buckeltal → ergibt Schläge/Stöße in den Rücken). Im Optimalfall lässt man die Beine kommen (beugt sie) und arbeitet gleichzeitig trotzdem etwas gegen einen Widerstand an, nämlich die externen Kräfte (exzentrische Muskelarbeit). Der Buckel faltet einen sozusagen zusammen und dieser Kraft geben wir nach und dann im besten Fall so dosiert, dass wir über den Gegendruck auch noch eine Bremswirkung erzielen (vgl. Abb. 10 und 11).

Abbildung 10: Absorbieren am Buckel

Abbildung 11: Absorbieren

Kniegelenkswinkel: Die Beugung der Kniegelenke verstärkt sich während dieser Phase

Pfeile: Das „ankommende" Buckelrelief bewirkt eine Kompression jeweils gegen die Ski-Unterfläche und somit eine Schiebekraft der Beine nach oben.

Oberschenkel-Muskulatur: Die Muskulatur der Oberschenkelvorderseite (vierköpfiger Oberschenkelstreckmuskel = m. quadrizeps femoris) befindet sich in einer exzentrischen Kontraktion, d. h. er wird länger (weil eine Kniebeugung stattfindet) und gleichzeitig entwickelt er Kräfte, um der Verlängerung (=Beugung) entgegenzuwirken.

Wenn die erläuterte Bewegung zu wenig ausgeprägt ist, schiebt eine ‚Restkraft' den Rumpf und den Schwerpunkt des Körpers nach oben und der Schwerpunt verlässt seine geplante Fahrt auf gleicher Höhe, wodurch der Rumpf in eine wippende auf- und ab-Bewegung gerät. Neben der dadurch entstehenden Unruhe des Oberkörpers ergibt sich ein zweiter Nachteil: Die dann per Streckung zu durchlaufende Distanz zum Buckeltal wird größer

und man erreicht die gewünschte Bremswirkung später oder gar nicht. Wichtige Nebenbemerkung: Die Beine werden meist nicht deswegen zu wenig oder zu langsam gebeugt, weil der Fahrer dazu körperlich nicht in der Lage wäre, sondern aus anderen Gründen:
- Der Fahrer glaubt, er würde genau nach dem Maß der Buckelhöhe beugen, damit der Schwerpunkt in gleicher Höhe bleibt. In Wirklichkeit jedoch war seine Gelenkbeugung viel zu gering (kompetenten Begleiter beobachten oder auch filmen lassen!).
- Der Fahrer traut sich nicht schnell genug zu beugen, weil er sich über die Begleitbewegungen (Knie kippen u. a.) im Unklaren ist.

Abhilfe:
Das Nachgeben der Beine als zu übertreibende und wichtige Aufgabe wahrnehmen, Gedankenhilfe: Knie fast bis an die Brust hochfedern lassen. Wenn man gute Buckelfahrer in einem Video (oder im Gelände) sieht, hat man bei tiefen Buckeln den Eindruck, als würden die Knie durch jeden Buckel blitzartig zur Brust heraufgeschossen.

Die Endposition des Beugens, nämlich die totale Hocke ist beim Skifahren zunächst eine ungewöhnliche Haltung, an die man sich gewöhnen muss. Diese „Endposition" müssen wir auch in den seltensten Fällen anwenden, um eine Buckelpiste zu bewältigen, weil geringere Ausgleichsdosierungen genügen. Jedoch sollte der gesamte mögliche Bewegungsumfang des Tiefschwunges zu unseren Übungsprogrammen gehören. Die praktizierte Übertreibung befähigt uns zur Ausführung der kleineren Variante in der „normalen" Buckelfahrt. Übung dazu: Kurzschwünge in dieser tiefsten Hocke durch wechselseitigen Streckschub der Beine.

Auf planer Piste Tiefschwünge mit übertriebener Absenkung des Rumpfes bis zur Hocke fahren, dabei die zugehörige Knie-

Abbildung 12: Tiefschwung auf der planen Piste

Kipp-Bewegung beachten. Der Tiefschwung wird letztlich in den gesamten Kapiteln B und C beschrieben, die Merkmale daraus in die plane Piste mit hinübernehmen (vgl. S. 70).

In gerader Linie eine Wellenbahn befahren (z.B. Funpark), die Höhenunterschiede durch Beugen und Strecken der Beine ausgleichen. Einen Begleiter von der Seite beobachten lassen, ob der Oberkörper immer in gleicher Höhe bleibt.

Zum Lernweg für obiges Bewegungsmuster können wir zwei Gegenpole von Konstitutionstypen unterscheiden: Sind Sie eher ein lockerer Typ, der wenig zu muskulären Verkrampfungen neigt und der schnelle muskuläre Bewegungsmuster aufweist (Typ I) oder eher ein Typ, dessen Stärke in der Kraftausdauer liegt, der etwas zu Verkrampfungen neigt und auf Sprintstrecken eher nicht so schnell ist (Typ II)? **Typ I:** Sie reagieren schnell genug mit dem Beine-anziehen gegen den ankommenden Buckel und müssen darauf achten,

während des Beugens auch eine gewisse Gegenkraft (exzentrische Kontraktion) gegen den Prallhang wirken zu lassen.
Typ II: Sie schaffen es kaum, schnell genug im Hüft- und Kniegelenk zu beugen. Deswegen soll Ihre Vorgabe lauten: „aktives schnelles Anziehen der Beine". Trotz dieses Befehles verbleibt bei Ihnen jedoch – zum Teil reflexbedingt – eine deutliche Grundspannung der Muskulatur und es resultiert quasi automatisch eine exzentrische Kontraktion. Diese müssen Sie dann also nicht so bewusst einsetzen wie der Typ I.

- **Nachlassende Beugebewegung der Beine**
Eine häufige Fehlerquelle zur Ausgleichsbewegung: Zu Beginn einer Fahrt, z.b. beim zweiten Buckel, führen wir eine gute Beugebewegung durch und beugen bis fast zur Hocke. Bei der Fortsetzung vernachlässigen wir jedoch die Beugebewegung, weil uns andere Probleme beschäftigen oder weil wir verkrampft sind. Es resultiert dann eine Fahrt in Mittellage ohne diese erforderliche Beugung in den drei Gelenken.

Abhilfe:
Das Beugen und Strecken der drei relevanten Gelenke wirklich als ein ganz bedeutendes Prinzip ansehen, dies in übertriebener Form in Abschnitten einer leichteren Buckelpiste üben.

Die Übungsfahrt von einem kompetenten Beobachter beurteilen lassen, ob wirklich mit extremen Endpositionen gebeugt und gestreckt wird (ggf. filmen).
Zwar sollten wir aktiv beugen, aber doch auch gegenhalten gegen die externen Kräfte und dabei nachgeben, denn so entsteht ja die Bremswirkung gegen den Prallhang. Das Ganze muss aber sehr gut dosiert werden, was am Ende auch die Kunst ist. Man könnte sagen, dass man halb-aktiv und halb-passiv beugt, d.h. also eben gegen diesen ankommenden Widerstand und dann aber sehr aktiv streckt. Das Strecken ist das weitaus Aktivere im Vergleich zum Beugen, was nicht falsch verstanden werden darf, denn natürlich ist das Beugen stark ausgeprägt

und die Bewegungsamplitude sollte gut ausgenutzt werden (soweit es nötig ist). Durch das aktive Strecken jedoch erreicht man erstens früher den nächsten Buckel und kann so auch an diesem abbremsen und die Fahrt kontrollieren und zweitens muss man die Streckung möglichst ausgeprägt ausführen, um anschließend wieder entsprechend beugen zu können.

- **Nachlassende Streckbewegung der Beine**
  Das Gegenteil des oben beschriebenen Fehlers kann ebenso als Misserfolg auftreten: Wir strecken zu Beginn der Fahrt, aus einer starken Beugung kommend, am Prallhang sehr effektiv bis zur Fast-Streckhaltung. Während der folgenden Fahrt konzentrieren wir uns wieder mehr auf die Beugephase und vernachlässigen die energische Streckung zum Prallhang hin.

  Abhilfe:
  In analoger Weise wie oben.

- **Vernachlässigung einzelner Bewegungselemente**
  Bei einer komplexen Bewegung wie dem Buckelfahren konkurrieren immer bestimmte wichtige Bewegungselemente miteinander. Wenn wir die Beugebewegung vertikal intensiv ausführen, vernachlässigen wir womöglich die seitliche Bewegung im Sinn der alpinen Grundposition.

  Abhilfe:
  In leichteren Abschnitten Fahrten ausführen, bei denen wir bewusst während mehrerer Fahrten nur eines der beiden Elemente stark bis übertrieben betonen.

- **Unruhiger Oberkörper bei zu hoher Geschwindigkeit**
  Die Richtungs- und Positionsänderungen gelingen nicht oder nicht schnell genug, die Geschwindigkeit wird höher als beherrschbar und man versucht, mit Körperverwindungen nachzuhelfen.

Abhilfe:
Verringerung der Geschwindigkeit durch:
- Je schneller wir in den Buckeln sind, desto energischer und kraftvoller müssen die Beine gegen den Prallhang gestreckt werden. Damit wird der Hauptteil aller Bremswirkungen erzielt.
- geeignete Schneeart (z.b. aufgefirnt) und gute Sicht
- Verbesserung der Bremswirkung (vgl. S. 44)
- nur kurze Abschnitte fahren (z.b. 5 Buckel) und dann Pause
- flachere Buckelabschnitte wählen

- **Fehlerhafte alpine Grundposition**
Die Grundeinstellung der hier wesentlichen Körperachsen während der Fahrt auf dem Prallhang ist falsch.Ungünstige Verwindungen des Rumpfes entstehen, wenn dieses wichtige Prinzip nicht beachtet wird: Vier gedachte Linien durch Sprung-, Knie- Hüft- und Schultergelenke sollen parallel sein.

Abhilfe:
Diese weithin bekannte Theorievorgabe ernst nehmen. Immer wieder Rückfragen bei einem kompetenten Begleiter oder beim Skilehrer. Siehe dazu auch Kapitel C, S. 64 ff.

- **Extremes Negativ-Beispiel als „Opfer" der Buckelpiste**
Die Beugebewegung ist deutlich zu gering, man verliert den Schneekontakt ganz oder fast und die Beine besitzen nicht genug lockere Bereitschaft und Kraft, beim Aufprall beugend gegenzuhalten, die Geschwindigkeit erhöht sich und wird nicht mehr beherrscht. Es können Angst und Verkrampfungen folgen, die drei relevanten Gelenke verbleiben starr in einer halb gebeugten Stellung. Der Körper will sich gegen die Geschwindigkeit stemmen und es folgt ein besonders ungünstiges Bewegungsmuster: Der Rumpf wird verstärkt gekrümmt und in der Lendenwirbelsäule gebeugt, das Gesäß wird eingezogen, die Schultern nach vorne hoch gezogen, die Füße werden nach vor-

ne geschoben, der Winkel zwischen Fußsohle und Unterschenkel vergrößert sich, der Fahrer „plumpst" in das Wellental und der Oberkörper wippt beim Aufprall nach vorne, eine Demonstration dessen, wie ein Skifahrer zum Opfer der Buckelpiste wird.

Abhilfe
Anhalten und erneut die Fahrt beginnen, sich nur wenige Buckel vornehmen. An die erforderliche Lockerheit von vormals verkrampften Körperteilen denken, z. B.: Hände, Gesicht, Zehen.

Anderen Platz suchen, flacheres Gelände.

Im Stand ausprobieren, wie wenig man Bewegungsfreiheit in der gewesenen verkrampften Haltung hat und wie viel mehr in der korrekten alpinen Grundposition.

In beliebigen Streckenabschnitten, die einem besonders gefallen (auch außerhalb der Buckelpiste), eine übersteigerte Lockerheit ausprobieren, auch in der alpinen Grundposition, dabei spielerisch den Schwerpunkt entlang der Längsachse leicht pendeln lassen.

Siehe Übung im Stand ohne Skier (vgl. S. 83 ff)

- ### Herumreißen des Rumpfes
  Unruhige Oberkörperbewegungen entstehen auch, wenn man in der Kurve unsicher wird und den Rumpf dreht oder herumreißt, um die Kurve noch irgendwie zu beenden. Die Kurven sollen aber durch Druck, Kanten und Kippen entstehen, nicht durch Rotieren.

  ### Abhilfe:
  Konsequente Nutzung aller Hilfen, die eine Kurve generieren, unter anderem: Knie kippen; genügend Vorlage, damit die

Skier vorne greifen und in die Kurve hineinziehen und bei Rücklage ein zu starkes Auswärtsdriften der Skienden und damit eine unkontrollierbare Position vermieden wird. Manchmal ist es gut, ein schnelles Drehen der Ski zu vermeiden, um runde, geschmeidige Schwünge zu erzielen (vgl. S. 21) Enge Kurven werden dadurch weniger erforderlich.

- **Abrupte Bewegungen**
  Unruhe des Oberkörpers hat generell mit ruckartigen Bewegungen zu tun. Eine solche ruckartige Bewegung stellt sich dar, wenn wir versuchen, nach der Mittelphase der Kurve sofort mit einem maximalen Kanteneinsatz zu steuern, anstatt progredient aufzukanten.

  Abhilfe:
  Das progrediente Aufkanten auch bei den anderen Disziplinen des Alpinskilaufes üben (vgl. S. 67).

- **Zu starke Rumpfbeugung**
  Um die Beuge-Bewegung in maximaler Dosis auszuführen (= maximales Anheben der Skier in Richtung Körperschwerpunkt), wird zusätzlich der Oberkörper stark nach vorne gebeugt. Diese Art der Ausgleichsbewegung mit dem Oberkörper ist jedoch aus zwei Gründen nicht sinnvoll:
    - Es entsteht durch das Vorbeugen des Oberkörpers eine zusätzliche Unruhe.
    - Der gebeugte Oberkörper reagiert auf Bewegungsimpulse, die senkrecht von unten kommen (durch die Buckel) leicht mit einem gewissen Wippen. Diese Bewegung ist jedoch unnötig und unterstützt den beabsichtigten Bewegungsablauf nicht. Ursache für die unnötige Beugung des Oberkörpers nach vorne ist meist eine zu geringe Beugung im Sprunggelenk.

Abhilfe
Der Schuh lässt zu wenig Flexion im Sprunggelenk zu, also Material ändern.

Die maximal mögliche Beugung im Sprunggelenk wird aktiv vermieden: Dann sollte man in allen möglichen Situationen immer wieder die alpine Grundposition üben und an das Vorschieben der Knie denken und erspüren, wie man dann wie von selbst den Oberkörper aufrecht hält.

- **Vorgetäuschte Rücklage**
Im Vergleich zu anderen Alpin-Disziplinen erscheint die Oberkörperhaltung in der Buckelpiste etwas aufrechter (Schwerpunkt etwas zurück verlagert). Das hat einen ganz bestimmten Grund: Die Ausrichtung des Oberkörpers entlang der Längsachse, d.h. dessen Position zwischen „Vorlage" und „Rücklage" sollte sich bei jedem Alpinski-Schwung hauptsächlich nach der Phase mit der stärksten Fahrtwucht (=Fliehkraft) richten. Beim Tiefschwung auf der Buckelpiste ist dies während der Passage des Prallhanges der Fall. Dieser hat jedoch eine deutlich geringere Neigung als die durchschnittliche Steilheit des Buckelhanges (siehe Abb. 13). Die Rumpfvorlage des Buckelfahrers bemisst sich also an einer Fahrfläche, die deutlich flacher ist als der „eigentliche" Hang. Daraus ergibt sich das Erscheinungsbild der Rücklage des Buckelfahrers, denn unser vergleichendes Auge nimmt als zugehörige Neigung nicht diejenige des Prallhanges sondern die Neigung des gesamten Hanges wahr.

Die in der Skizze dargestellte Winkeldifferenz stellt jedoch nur den Extremwert dar, der sich ergäbe, wenn während des gesamten Schwungverlaufes die vom Prallhang (als dominierende Phase) her erforderliche Rumpfneigung maßgeblich wäre. Als tatsächlich resultierenden Wert muss man jedoch eine gewisse Verringerung dieser Winkeldifferenz annehmen, was dann aber immer noch zu dem Erscheinungsbild der relativen Rücklage führt.

- **Fehlende Körperspannung**
Diese Unterlassung begünstigt unnötige und für das Bewegungsziel ungünstige Bewegungen.

Abhilfe:
Es muss versucht werden, permanent den Core – den Körpermittelbereich - anzuspannen (Bauchmuskulatur, Bauchnabel in Richtung Wirbelsäule ziehen). Das gibt sehr viel mehr Sicherheit und

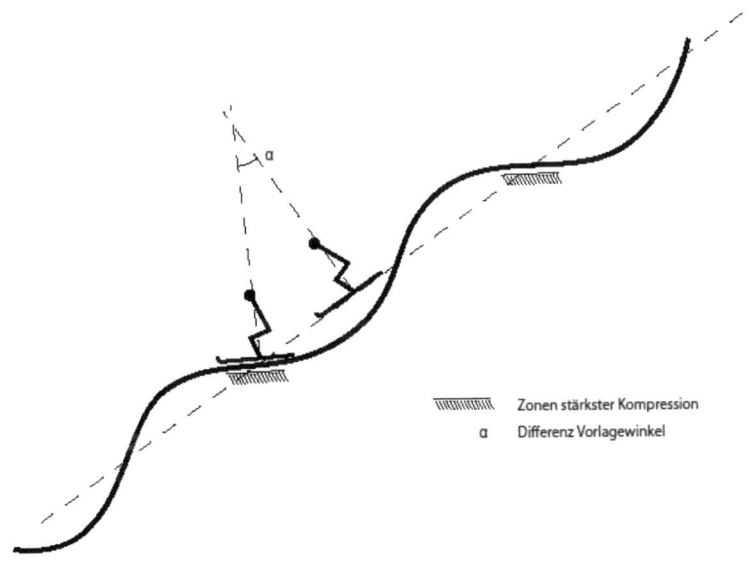

Abbildung 13: Rücklageposition

schützt zusätzlich den Rücken vor evtl. Schlägen. Auch die Arme sollten eine gewisse Grundspannung vor der Hüfte beibehalten.

9. Optimierung der Schwerpunktlage

Der Körperschwerpunkte wandert u.a. entlang der Längsebene. Zu Beginn der Streckung (also am Anfang des Hügelabhanges), während der man die Skispitzen nach unten in das Wellental drückt, verschiebt sich der Körperschwerpunkt leicht nach hinten. Beim Auftreten der maximalen Aufprallkraft des Prallhanges ist der Körperschwerpunkt wieder etwas nach vorne gewandert (weiter vorne als die Mittellage).

Die immer wieder anzustrebende Mittellage des KSP befindet sich über der Mitte der Fußsohle, wenn wir das beschriebene Pendeln des S entlang der Längsachse statistisch mitteln. Die Gefahr, in Rücklage zu kommen, ist während der Phase am größten, wenn wir die Skispitzen ins Buckeltal drücken. (vgl. Abb. Nr. 14)

Abbildung 14: Drücken der Skispitzen ins Buckeltal

- **Durch den Skischuh blockiertes oberes Sprunggelenk**
  Beim Beugen der relevanten drei Gelenke verfügen wir über anatomische Freiheitsgrade für Hüft- und Kniegelenk, nicht jedoch für das Sprunggelenk. Dieses ist in der Beugung (Flexion) durch den Skischuh eingeschränkt. Beim Beugen der drei Gelenke wandert deswegen (im Gegensatz zum analogen Vorgang im Barfuß-Stand) der Schwerpunkt mehr oder weniger nach hinten; ganz kann der nach vorne gebeugte Oberkörper dies nicht ausgleichen. Die absolut notwendige Konsequenz ist die Wahl eines Skischuhes, der genügend Flexion des Unterschenkels nach vorne zulässt. Ein Schuh mit hoher Flex-Steifigkeit des Schaftes führt zu einer starken Rücklage in der Buckelpiste.

Abbildung 15: Sprunggelenksbeweglichkeit ohne Skischuh
Barfußstand:
maximale Flexion im Sprunggelenk bei der getesteten Person: 45°

Abhilfe:
angepasste Skischuhwahl (vgl. S. 90)

Abbildung 16: Sprunggelenksbeweglichkeit mit Skischuh:
Maximale Flexion im Sprunggelenk bei der getesteten Person: 32°

- **Zu starkes Vorschieben der Skier in der Endphase des Schwunges**
  Beim Schwingen auf planer Piste kommt es gegen Ende des Schwunges oft zu einer geringen Rückverlagerung des Schwerpunktes, was u.a. mit der dezentralen Montage der Bindung und der damit zusammenhängenden Fahrtwucht zu tun hat. Manchmal drückt man sogar die Unterschenkel aktiv etwas nach vorn, um vom Gefühl her „runder in die Kurve zu kommen". Auf der Buckelpiste ist ein solches bewusstes Vorschieben beider Skier nicht sinnvoll, weil dies zu schnell zu einer ungünstigen Rücklage führt.

Lernhilfe:
Es kann jedoch sinnvoll sein, falls die Schrittstellung der Skier zu groß ist und deswegen die beidbeinig annähernd gleiche Belastung nicht gut gelingt, den Talski etwas vorzuschieben, was mehr Druck auf den Bergski bringt. Es kann auch sein, dass bei zu starker Schrittstellung die Ausrichtung des Rumpfes nach der Talseite zu weit geht, dann muss man talseits zum selben Zweck das Becken etwas nach vorne drehen. Jedoch Vorsicht: nicht übertreiben, hier sind nur geringe Dosierungen gemeint.

- **Permanente Rücklage**
Abgesehen von den hier angesprochenen Phasen ist die Fehlhaltung „Rücklage", wenn einmal eingetreten, meist im gesamten Verlauf des Schwunges präsent und somit oft ein Dauerproblem beim Erlernen der geeigneten Buckelpistentechnik. Dabei hat man gleich mehrere Nachteile: Es wirken die äußeren Kräfte in solch einer Position sehr ungünstig auf die Kniegelenke (ungünstiger Hebel, starke Belastung der Bänder!) und man verliert schneller die Kontrolle über die Ski, da die Geschwindigkeitsregulierung erschwert ist (womit in der Rücklageposition das Verletzungsrisiko erheblich steigt).

Abhilfe:
Wenn ein Partner von weiter unten den Fahrer beobachtet, sollte er den Schriftzug der Skifirma, der meist unter der Skispitze auf dem Belag steht, nicht oder nur möglichst kurz erkennen können. Wenn der Schriftzug permanent zu sehen ist, ist das schon ein Zeichen für zu starke Rücklage (Hinweis für Training in der Gruppe).

10. Bremsphase, alpine Grundposition, Kanten

Beim Erreichen des Prallhanges und bei seiner Passage müssen die Skier etwas driften, also bremsen (vgl. auch S. 35 oben). Die Körperhaltung während dieser Phase entspricht im Groben der bei vielen Schwüngen beschriebenen Vorseitbeuge, Nennung andernorts „alpine Grundposition". Allerdings ist, teilweise abweichend von den anderen Disziplinen beim Alpinskilauf, in der Buckelpiste eine weitgehend beidbeinig gleiche Belastung gefordert. Dies gilt für alle Fahrtabschnitte.

Prägende Merkmale und mögliche Fehler während dieser Phase:

- **Kanteneinsatz und Einhaltung der geplanten Linie beeinträchtigen sich gegenseitig**

Abbildung 17: optimaler Einsatz von Kanten-Schneiden-Driften und Bremswirkung am Prallhang

Kanteneinsatz und Driften sollen also während dieser Phase in einem gewissen Maß stattfinden, was schwierig ist, wenn man sich hauptsächlich darauf konzentriert, der sich anbietenden Linie nachzufolgen und rechtzeitig wieder schnell die nächste Kurve um den nächsten Buckel zu setzen.

Abhilfe:
Wichtig zur Beherrschung der Geschwindigkeit: Je schneller die Fahrt, desto energischer müssen die Beine gestreckt werden.

Stärker ausladende Kurven fahren wie zuvor beschrieben (vgl. S. 26); es wird dann besser möglich, die Kanten einzusetzen und zu driften und somit Bremswirkung zu erzeugen. Umgekehrt sind ausladende Kurvenlinien leichter zu fahren, wenn Knie kippen mit Kanteneinsatz, alpine Grundposition und die übrigen geforderten Kriterien besser stimmen. So bedingen sich die einzelnen Merkmale der Bewegung gegenseitig.

- **Die alpine Grundposition (vgl. S. 64 ff)**
Diese kommt also während der hier unter (10.) beschriebenen Phase am deutlichsten zur Darstellung und bietet in der Buckelpiste einige spezielle Merkmale:

In diesem Abschnitt des Schwunges, der sonst u.a. der Bezeichnung „Steuerphase" entspricht, würden die Skier außerhalb der Buckelpiste deutlich gekantet schneiden. Wenn wir einen Fahrer auf der planen Piste mit einem anderen Fahrer in der Buckelpiste in dieser Phase des Schwunges vergleichen, dann stellen wir fest, dass die Körperposition beider Fahrer und auch der Aufkantwinkel sehr ähnlich ist mit Ausnahme der in der Buckelpiste etwas geringeren Vorlage. Der Grund dafür, dass der Buckelfahrer wenig schneidet und weitgehend driftet, liegt u.a. daran, dass im angesprochenen Moment ein geringerer

Aufkantwinkel wirksam ist. Denn die Fläche unter seinen Skiern (der Prallhang, der flacher ist als die Durchschnittsneigung des Hanges) vermindert während dieser Phase den Aufkantwinkel und es kommt zum Driften. Außerdem ändert sich in den Buckeln während des Einschneidens der Kante ständig die Schneeoberfläche. Die Kanten können nicht, wie auf der planen Piste, mit der gesamten Länge gleichmäßig aufliegen. Auch dies führt zu einem geringeren Schneideeffekt.

Allerdings ist die angesprochene alpine Grundposition beim Buckelfahren nur während einer kurzen Zeitspanne des Schwunges da. Die übrigen Phasen des Schwunges erfordern ganz andere Körperhaltungen. Deswegen ist für den unbefangenen Beobachter dieses gemeinsame Element der Fahrt in der Buckelpiste und bei Kurzschwüngen auf planer Piste auch nicht gut zu erkennen.

Auftretende Fehler:

- **Zu ruckartiger Kanteneinsatz**
Auch das Kriterium „progredientes Aufkanten" (vgl. S. 67) kommt bei der alpinen Grundposition in dieser Phase ins Spiel: Wenn die Buckel flacher und nicht so eng sind, kann man durchaus ein gewisses Schneiden mit einem zunehmenden Aufkantwinkel einsetzen, um möglichst geländeangepasste und runde Schwünge zu fahren. Wenn man das nicht macht, dann kantet man in der neuen Kurve sofort extrem stark auf. Das wirkt manchmal etwas abgehackt und verkrampft und stört den Fluss der Bewegung.

Abhilfe:
Konzentration und Gleichmäßigkeit zur Übung kann man steigern, indem man sich zählend einen Zeittakt vorgibt, z.B. „eins und zwei und drei und vier", bei der höchsten Zahl Endposition des Kantens. Oder man kann mit dem Atemrhythmus koordi-

nieren: während des Ausatmens immer stärker aufkanten.

Wenn man das progrediente Aufkanten nicht bewusst geübt hat, ist es ungewohnt und man sollte eine Zeitlang versuchen, dieses Bewegungselement öfter einzusetzen, auch in Situationen, wo es einem gar nicht sinnvoll oder notwendig erscheint.

- „Alpine Grundposition" und Schwerpunkt, der möglichst auf gleicher Höhe bleiben soll (vgl. Abb. 29, S.72)

Wenn wir unter dieser Vorgabe die seitliche Bewegung der Beine beachten (während der wirkenden Fliehkraft in der Kurve), so ergibt sich für den Schwerpunkt in der Vertikalen eine „weichere" Bewegung, weil die im rechten Winkel gegen die Schiunterfläche wirkenden Kräfte (von der Pistenoberfläche her) nur einen verringerten Teil an vertikaler Wirkung auf den vertikalen Rumpf besitzen (vgl. Abb. 18 und 19). Die von unten kommenden Stöße der Buckel werden also abgemildert. Auch bei der Betrachtung dieses Bewegungsmerkmales zeigt sich, dass man die Buckel mit einer gewissen Mindestgeschwindigkeit (vgl. S. 25 unten) fahren sollte. Sonst ergibt sich keine schräg nach außen gerichtete Beinachse. Das sollten wir aber anstreben, denn nur die Anwendung aller verfügbaren Mittel, um den Schwerpunkt auf gleicher Höhe zu halten, versetzt uns in die Lage, den kontinuierlichen Schneekontakt sicher zu stellen.

- Zu starke Talskibelastung

Beidbeinig weitgehend gleiche Belastung ist für den Nicht-Buckel-Fahrer oft ein ungewohntes Technikmerkmal, weil die Gewichtsverlagerung auf das kurvenäußere Bein meist Vorrang hat. Wir spüren den Druckaufbau am Großzehenballen, am Fuß-Innenrand und am Innenrand der Ferse je nach Schwerpunktlage entlang der Längsachse, also bei verstärkter Vorlage mehr Druck auf dem Großzehenballen und bei Rücklage vermehrt Druck auf der Ferse. Die entsprechende Druckaufbau-Empfindung am Fußaußenrand (entsprechend der Außenkante des Innenskis) ist vielen Fahrern nicht geläufig. Für die Außenkante des Innenskis benötigen wir jedoch analog den Druckaufbau am Kleinzehenballen – Fußaußenrand – Außenrand der Ferse, damit diese Drucksignale in die Impulse einer teilweise unterbewussten Bewegung übergehen. Die Bewegungsmuster aus unserer Buckelpistentechnik müssen wie bei allen Sportarten teilweise unterbewusst ablaufen, u.a. damit wir nicht durch

Abbildung 18: Seitbewegung während die Beine beugen und strecken

auftretende Unsicherheiten in unseren geplanten Bewegungen behindert werden.

Abhilfe bzw. Lernweg:
Weniger Schrittstellung, Talski oder talseitige Hüfte etwas nach vorne schieben, dadurch kommt mehr Gewicht auf den Bergski.

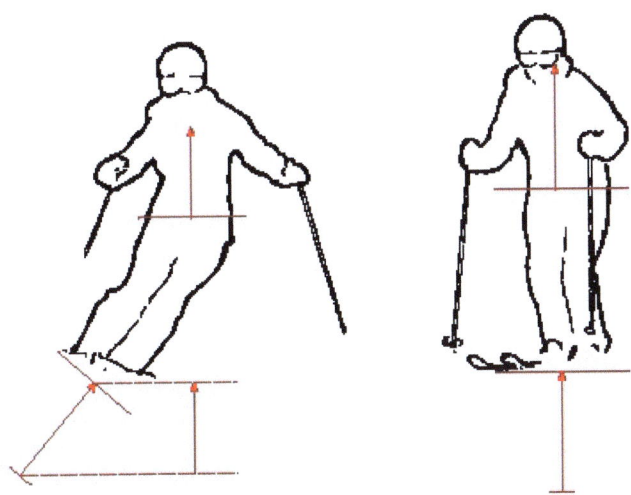

Abbildung 19: Die roten Pfeile in der Skizze der beiden Skiläufer repräsentieren proportional zu ihrer Länge die Größe der wirksamen Kräfte. Der schräge Pfeil in der linken Figur und die vertikalen Pfeile in der rechten Figur sind gleich groß und stellen die Kraft dar, die während der Fahrt senkrecht auf die Unterfläche der Skier und somit auf den Körper des Skiläufers wirken. Je stärker nun die Beine zur Seite geführt werden (linke Figur) und je stärker sie also von der vertikalen Haltung (rechte Figur) abweichen, desto stärker ergibt sich eine Verkürzung des vertikalen Pfeiles in der linken Figur (gemäß den sich ergebenden Verschiebungen im dargestellten Parallelogramm). Der sich ergebende verkürzte vertikale Pfeil in der linken Figur repräsentiert die verbleibende vertikale Kraft, die bei schräg zur Seite geführten Beinen auf den vertikalen Rumpf des Fahrers wirkt. Diese ist geringer als bei vertikal gehaltenen Beinen (rechte Figur).

Auch beim Fahren auf der planen Piste den Druck am Außenrand des Fußes und an der Skiaußenkante nachempfinden. Dabei auch bei offener Beinhaltung darauf achten, dass das Innenknie genauso korrekt und linienkonform seine Bewegungen ausführt wie das Außenknie und nicht nur „mitläuft".

Auf flachen planen Pistenabschnitten einbeinig Kurzschwünge fahren: Dabei muss naturgemäß Innen- und Außenkante gleich belastet werden. Tipp: Beim Einbein-Fahren elastisch bleiben, eher mehr beugen in Knie und Sprunggelenk.

Abbildung 20: Betonte seitliche Streckung der Beine

Innenski-Kurzschwünge mit schnellendem Abstoß, die wie folgt ausgeführt werden können: Die Kurve wird wie beim beidbeinigem Schwung durch Kniekippen, einen bewussten Stockeinsatz und Kurven-einwärts-wenden des Körpers eingeleitet. Dann folgt verstärktes Kanten, alle hier sinnvollen

Merkmale des normalen Schwunges sind anzuwenden. Das Außenbein bleibt angehoben. Am Ende der Steuerphase dann Abstoß und Kippen in die neue Kurve. Bei der beidbeinigen Kurve genügt eine Seitverlagerung des Schwerpunktes zur Kurveninnenseite der kommenden Kurve mit deutlichem Abstand zur Innenkante des Außenskis. Bei der hier angestrebten Bewegung muss der Schwerpunkt deutlich über die Außenkante des künftigen Innenskis seitverlagert werden. Man benötigt also einen sehr entschlossenen (mutigen!) Kippvorgang (Seitfallen).

Eine einfache Übung auf der Basis der Überkorrektur: Kurzschwünge auf mittelsteiler Piste, dabei den Talski nach vorne auf gleiche Höhe mit dem Bergski schieben und so belassen (keine Schrittstellung). Es resultiert dann mehr Gewicht auf dem Bergski. Diese Übung zeigt uns eindrücklich die Richtung, die wir im Lernweg einschlagen müssen (Innenskitraining ist nötig).

Tiefschneefahren: Dort ist beidbeinig annähernd gleiche Belastung eine Grundvoraussetzung.

Weitere Innenski-Übungen können beispielsweise in Ski-Lehrplänen nachgeschaut werden (Burger et al. 2012, Holzmann et al. 2013)

- **Überkreuzen der Skier**
Die Skier überkreuzen sich (meist ein Fehler bei geringer Können-Stufe), oft geschieht dies in der Zone des Prallhanges, wenn die Skier ungleich belastet werden.

Abhilfe: Die Skier überkreuzen sich vorne: Bei mangelhaft kontrollierter Körperhaltung, wenn eine „Buckelwand" bremsend wirkt, wird der Rumpf nach vorne geschoben, es entsteht zu viel Vorlage und der stärker belastete Ski dreht stärker in die Kurve ein als der andere. Das führt zu einem Überkreuzen.

Diesen Fehlerablauf bewusst machen,. die Vorlage korrigieren, Beidbeinigkeit der Belastung sicherstellen. Bei den Korrekturfahrten einfachere Buckel wählen.

Die Skier überkreuzen sich hinten: Schwerpunkt zu weit hinten, Verlassen der geschlossenen Beinhaltung, ungleiche Belastung beider Skier. Korrektur analog wie zuvor beschrieben.

- **Fehlerquelle einbeinige Belastung**

Von dem Technikelement der einbeinigen Belastung gibt es eine ganze Anzahl von Varianten, die man früher als „Umsteigeschwung" bezeichnete. Oft wird diese Fahrweise in abgewandelter Form heute zur Übung des Belastungswechsels verwendet (Burger, et al., 2012). Das Gewicht auf dem Innenski kann dabei teilweise oder ganz weggenommen werden. Viele Skifahrer behalten die ungleiche Gewichtsverteilung in mehr oder weniger ausgeprägter Form bei, und dies führt auf der planen Piste auch nicht zwingend zu Misserfolgen.

Anmerkung: Das Gewicht wird eigentlich nicht aktiv auf den Außenski verlagert, sondern dem Körper wird nur durch Anheben des Innenskis (bzw. dessen Entlastung) ein Teil der Unterstützungsfläche genommen, was zu einem Seitfallen (Kurvenlage) führt. Es ist genau genommen also kein Umsteigen, weil man nicht umsteigt, sondern nur anhebt (Kassat, 2000). Auf der Piste und vor allem bei Anfängern kann dieses Anheben (oder auch ‚Skiwechsel') eine Hilfe zur Schwungauslösung sein, in der Buckelpiste hingegen stört diese Bewegung eher. Diese Technikausführung anzuwenden ist u.a. deswegen verführerisch, weil ein Teil der Skiläufer damit in der Buckelpiste schneller Richtungsänderungen einleiten kann als mit der „beidbeinigen" Belastung. Folgende Merkmale sind dazu festzustellen:

- Manche Skiläufer bemerken selbst nicht, dass sie das Gewicht vom Innenski wegnehmen und halten ihre Belastung für beidbeinig weitgehend gleich.
- Der Schwung kann tatsächlich so ausgeführt sein, dass man optisch keinen Unterschied zu einem korrekten beidbeinig annähernd gleich belasteten Schwung in der Buckelpiste sieht und die Vorgabe „geschlossene Skiführung" ist somit auch erfüllt.
- Der große Nachteil besteht darin, dass während der Buckelfahrt in bestimmten Phasen viel Kraft in den Beinen benötigt wird und der „Umsteiger" hat im Vergleich zu jemandem, der beidbeinig belastet, nur die Hälfte der Kraft, weil das Innenbein eben nicht belastet ist, also dort fast keine Muskelkraft aktiv wird. Er kommt so viel schneller an seine Kraftgrenzen. Dies zeigt sich meist darin, dass die Drift- und Bremsphasen nicht funktionieren und die Geschwindigkeit unbeherrscht hoch wird.

- Außerdem kann es bei einbeiniger Belastung in der Buckelpiste schnell passieren, dass die Beine auseinander gehen, ein Bein weiter oben und eins weiter unten am Buckel ist und so auch die Kontrolle und Ästhetik verloren gehen.

Abhilfe:
Die oben beschriebene gleichberechtigte Wahrnehmung der Fußaußenkante des Innenskis erproben und den dort beschriebenen Druckaufbau auf der Außenkante üben, z.B. durch die genannten Übungen u.a. mit Innenskischwüngen.

- **Fehlerquelle ausgehende Kräfte:**
Während wir auf den Prallhang auffahren wenden wir die meiste Kraft auf. Hier spüren wir es auch, wenn uns die Kräfte verlassen. Drei Hauptursachen gibt es dafür:

- (1) Wir praktizieren während des Bewegungszyklus (Schwung) keine Phase der Entlastung, sondern sind während aller Abschnitte stark oder maximal angespannt oder
- (2) wir haben zu wenig Kondition in den Bereichen Schnellkraft, Kraftausdauer, kardio-pulmonale Ausdauer oder
- (3) wir belasten wie oben beschrieben fast ausschließlich nur einen Ski und müssen die gesamte Fliehkraft mit einem Bein abfangen.

Abhilfe zu (1):
Bei den Bewegungszyklen fast aller Sportarten sind Entspannungsphasen ein ganz wichtiges Merkmal. Nur bei genügend praktizierter Entspannung haben wir ausreichend Reserven, um Kraftspitzen zu setzen. Um herauszufinden, in welchem Abschnitt des Schwunges wir uns stark anstrengen und wo am ehesten erholen können, müssen wir uns eine einfachere, langsamere Buckelpiste und wenn möglich eine Passage mit etwas weiter auseinander liegenden Buckeln wählen. Während der Fahrten sollten wir erkennen, wo wir außerhalb der Prallhangabschnitte den Krafteinsatz leichter oder stärker reduzieren können.

Eine andauernde maximale Kraftanstrengung bedeutet auch meist Verkrampfung. Dazu sollte man den eigenen Körper beobachten: Ist das Gesicht, sind die Hände, die Zehen oder andere Körperteile verkrampft? Wenn ja, kann man sich während der Fahrt ein Kommando geben (z.B. „Gesicht, Hände, Zehen"), um immer wieder dagegen zu korrigieren (vgl. auch S. 83).

Abhilfe zu (2):
Krafttraining, Ausdauertraining, Koordinationstraining (z.B. Speed-Skating, Ballspiele)

11. Übergang zur nächsten Kurve

Gegen Ende der Fahrt auf dem Prallhang ist die weitgehende Streckung der drei Gelenke wieder erreicht und es beginnt die erneute Beugung mit gleichzeitigem Kniekippen und nach-außen-wenden der Beine und Schwerpunktverschiebung analog der Beschreibung unter (9). Beim Kippen der Knie zu Beginn des Beugens (Hüft-, Knie- und Sprunggelenke) sollen die Skier rasch umkanten.

Für den Nicht-Buckel-Fahrer ist die Beugebewegung des Tiefschwunges ungewohnt. Die Erfordernis Beugen und gleichzeitiges Knie-Kippen wirkt erschwerend. Für den Kippvorgang der Knie während der Beugung bis fast zur Hocke ist es wichtig, dass beide Beine sich gleichsinnig bewegen (Gewichtsverteilung, Kanten). Eine leichte Dominanz des Außenbeines ist erlaubt.

Mögliche Fahrfehler während dieser Phase:

- **Ungünstige Rotationsversuche**
  Das Drehen der Skier vom Beginn bis zur Mittelphase des neuen Schwunges: Der Ski soll nur so viel drehen wie notwendig ist. Schwächere Fahrer versuchen, das Erfordernis einer engen Kurve vor sich sehend, vermehrt eine aktive Rotation einzusetzen, manchmal noch mit Hilfe einer Rotation des Oberkörpers, damit die Skier um die Kurve gehen. Dies ist ineffektiv, biomechanisch in keiner Weise zielführend oder nachvollziehbar und führt zu Blockierungen. So entsteht Unsicherheit in der Fahrweise, und man kann die Spur nicht halten.

  Anmerkung:
  Ein System kann sich nicht aus sich selbst heraus drehen. Es gilt immer das Prinzip actio = reactio, d.h. für uns beim Skifahren, dass das System Ski-Skifahrer von externen Kräften gedreht werden muss und wir nur den entsprechenden Kontakt herstellen können durch bestimmte Körperaktivitäten (zur Seite

kippen, Vor-Rückverlagerung, Seitbeuge etc.).

Abbbildung 21: Übergang zur nächsten Kurve

Abhilfe:
Das Drehen der Skier soll durch andere Körperaktivitäten erzielt werden (vgl. auch S. 68):

Unter Nutzung des Oberflächenprofils der Piste die aufgekanteten Skier um den Buckel herum führen. Es kommt also darauf an, dass man das Gewicht zur Kurven-Innenseite bewegt. Weil das schnell gehen muss, geschieht das Kippen aus den Knien heraus mit nahezu ruhigem Oberkörper. Eine leichte Seitbeuge ist dabei gelegentlich zu erkennen und zum Aufkanten auch zielführend (seitliches gegen-einander-Drehen von Unter- und Oberkörper in der Frontalebene).

Durch Einnahme der alpinen Grundposition und Verschieben des Schwerpunktes weiter nach vorne entlang der Längsachse den Kurvenweg der Skier erzielen.

- **Ungenügende Beuge- und Streckbewegung**
Während der Absorption, und zwar von Mitte bis Ende der Beugebewegung der drei relevanten Gelenke, soll ein guter Teil der Drehung der Skier stattfinden. Dies geschieht durch die zuvor genannten Körperaktivitäten während dabei die Unebenheiten ausgeglichen werden (Tiefschwung). Wenn nun ein Fahrer diesen Schwung nicht genügend beherrscht, so fällt er (unbewusst) in sein bekanntes Bewegungsmuster zurück. Das Beugen und Strecken findet in diesem Fall nicht ausreichend oder gar nicht statt oder in einem falschen Timing oder es ergeben sich zusätzliche unnötige Bewegungen. Dadurch kann der gewünschte Schneekontakt nicht beibehalten werden oder bei höherem Tempo können die aufzufangenden Schläge zu groß werden.

Abhilfe:
Flachere Pistenabschnitte wählen und die Schwünge so fahren, dass sie nur aus Beugen und Strecken bestehen. Streng auf diesen Zweier-Rhythmus achten. Keine unnötigen Bewegungen, wie oben beschrieben, einbauen.

Wenn die Umsetzung schwierig ist, durch Fahrten über eine Wellenbahn (z.B. Funpark) üben und dabei konsequent jede Unebenheit aus den Beinen heraus ausgleichen.

12. Wichtige Abstimmung auf dem Prallhang

Abbildung 22: Auffahrt auf den Prallhang

Diese Kurvenphase vermittelt am meisten den Eindruck, ob eine Fahrt gelungen ist oder nicht. Der Übergang vom Strecken zum Beugen soll ohne ruckartige Bewegungsmerkmale ablaufen. Auch der Fahrer selbst spürt hier am deutlichsten, ob die Bewegung gut abgestimmt ist.

Im Linienverlauf der Fahrt auf dem Prallhang spielt sich also eine doppelte Bewegung der genannten drei Gelenke ab: zuerst die Streckung, dann die beginnende Beugung. Jene kann je nach Buckelform und Schneebedingungen sehr verschieden dosiert sein. Die Effizienz und Stimmigkeit ist hier besonders wichtig, weil die Bremswirkung, die uns Sicherheit gibt, möglichst genau unseren Vorstellungen entsprechen sollte (vgl. Abb. 22)

13. Ski- und Beinstellung geschlossen

Im Zuge einer gegenteiligen Entwicklung während der letzten zwei Jahrzehnte hin zu einer offenen Skiführung mag diese Vorgabe befremden. Jedoch bedingen hier das Pistenrelief und die Abstimmung der Bein- und Skibewegung eine ungünstige Auswirkung der offenen Position, wie wir sehen werden. Daraus folgt natürlich keine Schmälerung der eindeutigen Option für die offenere Skiführung in den anderen Disziplinen, jedoch steht die Funktionalität immer im Vordergrund.

Abbildung 23: offene Beinstellung

- **Fehlerquelle offene Beinstellung**
  Eine solche Skistellung wirkt sich ungünstig aus, weil dann jeder Ski möglicherweise anders bewegt werden muss. Beispielsweise kann ein Ski sich ganz im Buckeltal zum Prallhang hin befinden und der andere in Aufkantposition auf dem abfallenden Buckelanteil. Was dann für den einen Ski richtig ist, ist für den anderen hinderlich und umgekehrt.

Abbildung 24: geschlossene Beistellung

Abhilfe:
Die Situation „offen" und „geschlossen" sauber trennen, sich bewusst sein, was jeweils erforderlich ist. Stichworte: Carven, vereistes Gelände, Steilrinnen, hier wohl meist offene Skiführung sinnvoll, jedoch individuell durchaus unterschiedlich einzuschätzen. Gegensatz: Tiefschnee (eher nicht zu offen und auch beidbeinig belastet), Buckelpiste streng geschlossen bis fast geschlossen.

Manchmal werden unter der Zielvorstellung „geschlossene Skiführung in der Buckelpiste" die Knie förmlich zusammengepresst und die Füße übertrieben stark zusammengefügt, was man auch als „Blockbildung" der Beine bezeichnet. Eine solche verkrampfte Haltung ist kontraproduktiv, weil dadurch die alpine Grundposition behindert wird. Eine freie Bewegung des einzelnen Beines entlang der Längsachse muss genügend möglich sein.

14. Umgebungsbedingungen

Die Wahl der äußeren Bedingungen (z. B. Wetter, Gelände, Schnee, persönliche Interessen der Begleiter) sollte jede zusätzliche Erschwernis vermeiden helfen, solange wir noch nicht genügend Sicherheit in den Buckeln haben. Denn die Konzentration auf die Fahrtechnik nimmt uns voll in Anspruch und wir sollten die folgenden beeinflussbaren Faktoren beachten:

- **Erschwerende äußere Bedingungen, die unmittelbar Geschwindigkeit erzeugen:**

Steilheit des Geländes
eisige Oberfläche
gefühlte erhöhte Geschwindigkeit bei schlechter Sicht

- **Weitere erschwerende äußere Bedingungen:**

Enge unregelmäßige Buckelformen

Buckelformen, die von sehr guten Buckelfahrern eingefahren wurden, jedoch ohne kontinuierlichen Schneekontakt. Dabei kommen besonders im mittelsteilen bis steilen Gelände schmale, treppenförmige Formationen zustande mit kantiger Ausprägung der Rinnen. Abgesehen vom Schwierigkeitsgrad ist eine solche Piste nicht vereinbar mit unserer Vorgabe des unbedingten Schneekontaktes.

Ruppige, eisige Oberfläche, z.B. bei vom Vortag gefrorenem Firn.

Eingelagerte Felsformationen bei Schneemangel: Leider sieht man diese von oben kommend meist nicht, wenn sie nur eben so am Buckelabhang herausschauen.

Interessenbedingte Störfaktoren in einer Gruppe: Gerade bei einer so selektiven Sportart wie Buckelpistenfahren sollte sichergestellt sein, dass man sich gegenseitig in der Ski-Tagesplanung nicht behindert, dass man also ohne schlechtes Gewissen den anderen gegenüber genügend Zeit hat zum Üben, auch Sichtkontrolle durch einen interessierten Beobachter kann nützlich sein.

Weitere, nicht buckelspezifische Störfaktoren: Engstellen oder unübersichtliche Stellen des Geländes, schlechte Sicht (in den Buckeln sehr bedeutsam: optimale Versorgung mit Brillen), Zusatzgewichte (z.B. Freeride-Ausrüstung mit Airbag kann man bei Wiederholungsübungen beim Liftpersonal deponieren, örtliche Lawinensicherheit vorausgesetzt), extrem dicht befahrene Pisten.

Wetter: Nebel, Schneetreiben, Regen, starker Wind

Lernhilfe:
Falls Sie es ernst meinen und mit dem Buckelpistenfahren am Anfang stehen, sollten Sie die oben genannten erschwerten Verhältnisse vermeiden und sich zumindest einige der hier aufgelisteten optimalen Bedingungen aussuchen:

- aufgefirnte oder nicht zu harte Pulverschneeoberfläche
- flache bis mittelsteile Piste
- Buckel nicht zu hoch und nicht zu eng
- Sonne (Schattenschläge machen Buckelrelief besser sichtbar)
- kleine Gruppe Gleichgesinnter
- kein extremer Wind
- optimale Ausrüstung

C. Beschreibung nicht ausschließlich buckelpistenspezifischer Bewegungsmerkmale

Der Alpinskilauf bietet eine Vielzahl von Möglichkeiten situations- und geländeangepasst Ski zu fahren . Die Hauptaktivitäten des Skiläufers und sein Bewegungsgefühl bleiben im Grunde sehr ähnlich, trotzdem unterscheiden wir natürlich verschiedene Bewegungsmuster. Einige der im Folgenden aufgeführten und generell geltenden Bewegungsanweisungen, die immer zu einer optimalen Position auf dem Ski führen sollen, sind auch für den Buckelpistenskilauf besonders hilfreich.

Arme

- **Hinderliche Armhaltung**
  Bei den meisten Disziplinen im Alpinskilauf sind die Arme nach vorne und leicht seitlich zu halten, im Ellenbogen leicht angewinkelt. Diese Haltung bietet einige Vorteile, u. a. können wir damit die Balance verbessern. Bei fehlerhafter Fahrtechnik, z. B. bei auftretender Verkrampfung wird diese Haltung verlassen.

  Abhilfe:
  Auf ebener Fläche stehend die Standard-Position auf den Skiern einnehmen und einen Punkt auf etwa gleicher Höhe in 20 bis 30 Meter Entfernung fixieren, der sich in der Fahrtrichtung

der Skier befindet. Anschließend die Arme mit den Stöcken seitlich gerade nach außen halten, in den Ellenbogen nicht ganz gestreckt. Während der Blick die vorgenannte Fixierung hält die Arme mit den Stöcken auf gleicher Höhe ganz langsam nach vorne nehmen bis zu dem Punkt, an dem die Hände deutlich in das Gesichtsfeld eintreten. Damit ist eine günstige Armhaltung eingenommen . Während der Fahrt kann man sich diese am Blickfeld orientierte Armhaltung immer wieder vergegenwärtigen. Die so ermittelte Armhaltung ist für die meisten Alpinski-Disziplinen geeignet. In der Buckelpiste sollten die Arme jedoch noch etwas weiter nach vorne gerichtet werden.

Abbildung 25: Armhaltung vor dem Körper

Alpine Grundposition, Merkmale

- **Statische Beschreibung der Haltung:**
  Leichte bis starke Beugestellung (je nach Geländesituation während der Fahrt) in den drei betroffenen Gelenken: Sprunggelenk, Kniegelenk, Hüftgelenk. Zusätzlich werden die Skier

während dieser alpinen Grundposition leicht bis mäßig aufgekantet. Der Oberkörper ist leicht nach vorne gebeugt und talwärts ausgerichtet, der Talski etwas zurückgesetzt. Die gedachten Achsen durch beide Sprung-, Knie-, Hüft- und Schultergelenke sind parallel. Das Aufkanten wird durch Verlagern der Knie und der Hüfte zum Berg erreicht. Es gilt: je näher die Bewegung am Ski, desto besser, also Knie kippen vorrangig im Vergleich zu anderen Kipp-Bewegungen, z.B. Hüfte, Rumpf oder Ganzkörper. Die Wirbelsäule bleibt in Bezug auf das Becken ohne Verwindung. Der Schwerpunkt befindet sich meist über der Mitte der Fußsohle.

Abbildung 26: Parallele Achsen der Sprung-, Knie-, Hüft- und Schultergelenke (Frotalansicht)

Abhilfe bei typischen Haltungsdefiziten:
Die korrekte alpine Grundposition ist eines der wichtigsten Bewegungsmerkmale im Alpinskilauf. Deswegen müssen Sie sich gründlich damit befassen, und zwar bei allen Formen des Alpinskilaufs: von Skilehrern oder kompetenten Begleitern immer wieder Korrekturen erfragen. Die eigene Haltung mit anderen vergleichen. Bei welchen Fahrsituationen gelingt mir

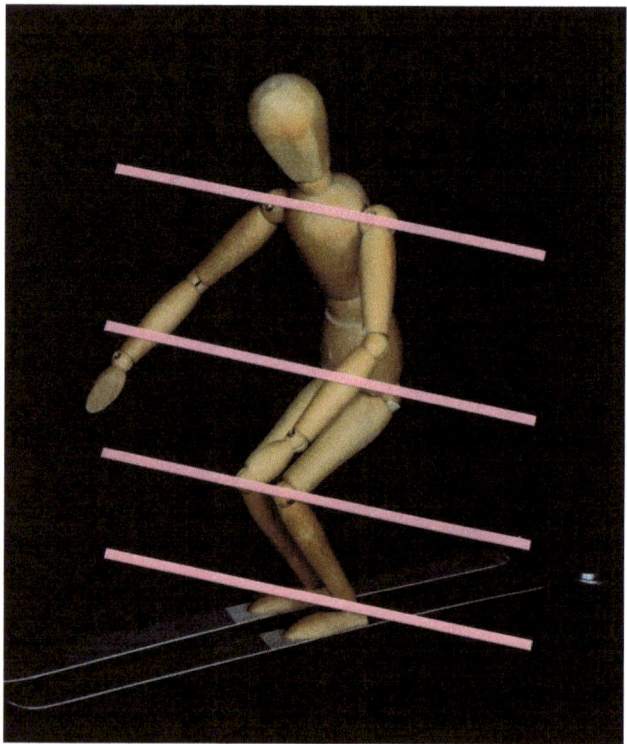

Abbildung 27: Parallele Achsen der Sprung-, Knie-, Hüft- und Schultergelenke (Seitenansicht).

diese Grundhaltung schlechter und wo besser? Fühlt sich etwas unnatürlich an? Bin ich verkrampft? Videos anschauen, sich selbst filmen lassen.
Tipp: Wenn ich mit angeschnallten Skiern etwas in die Luft

springe und mich wieder leicht federnd auffange, kann ich die angestrebte Haltung „dynamisch" einüben und habe meist schon automatisch die richtige Position.

- **Verkrampfung während der Alpinen Grundposition**
  Während dieser Schwungphase erfolgt der meiste Kraftaufwand, weil dabei u. a. die höchste Zentrifugalkraft während des Schwunges auftritt. Dies gilt für die Buckelpiste und für die präparierte plane Piste gleichermaßen. Folglich ist es meist auch die Situation, in der man leicht verkrampft (Verkrampfung gesellt sich gern zu den Spitzen des Kraftaufwandes) und hinderliche und ineffiziente Haltungen einnimmt. Es ist wichtig, den Schwung korrekt und beherrscht auszuführen: Eine Verkrampfung setzt sich in der ganzen weiteren Fahrt fort.

  Abhilfe:
  Übung zur „Ausleitung" (vgl. S. 83)

- **Ruckartige Aufkantbewegung**
  Man soll nicht sofort voll, sondern allmählich steigernd (= progredient) aufkanten, um eckige Bewegungen zu vermeiden und besseres Gleiten und Schneiden der Skier zu erreichen. Idealerweise steht die Aufkantbewegung auch in Beziehung zu anderen Merkmalen der Fahrt: Das Aufkanten setzt sofort mit dem Umkanten ein (keine Flachstell-Phase), jedoch nur in geringem Winkel, dieser muss sich anschließend kontinuierlich steigern. Analog dazu nimmt der Radius der gefahrenen Spur ab, der Druck bzw. das auf den Ski aufgebrachte Gewicht nimmt dann bedingt durch die Zentrifugalkraft zu.

Ein besonderes Merkmal des Aufkantens zeigt sich beim Befahren einer mittelsteilen bis steilen planen Piste: Gegen Ende des Schwunges, wenn die Skier stark greifen, vielleicht auch zu driften bzw. ruckartig zu driften beginnen, werden sie etwas vorgeschoben (winzige Dosis Rücklage) und schneiden dann besser. Dem dann scheinbar leicht nachlassenden Druck wirkt man nun entgegen, indem man die Skier verstärkt kantet (z. B. Knie zum Berg) und damit noch besseres Schneiden erreicht. Das Kommando lautet also: „Vorschieben und Knie zum Berg".

Anmerkung:
Biomechanisch erklärt ist es so: Wenn man den KSP senkrecht auf den Ski projiziert (wo man sich seine Wirkung auf den Ski vorstellen kann), so hat dieser Projektionspunkt auf dem Ski (P) einen bestimmten Abstand von der Skimitte (SM). Am Skimittelpunkt können wir uns die beim Driften (=Seitrutschen) auftretenden seitlichen Reibungskräfte summiert vorstellen und so wirken diese Reibungskräfte u.a. von der Piste her summiert im Punkt (SM) gegen den Ski. In entgegengesetzter Richtung wirkt die Teilkraft des KSP am Punkt (P) und so ergibt sich ein Drehmoment. Je größer der Abstand von (P) und (SM) ist (gleichbedeutend mit mehr Rücklage), desto großer wird das Drehmoment (Kassat, 2000). Dies erklärt, warum wie oben beschrieben beim Vorschieben der Skier wegen des gering nachlassenden Drehmomentes diese der beabsichtigten Schneidespur des Kurzschwung-Radius besser nachfolgen.

Dieses Drehmoment können wir „experimentell" auf einer mittelsteilen planen Piste testen, und zwar mittels Seitrutschen: Wir praktizieren Seitrutschen durch Abkanten (z.B. Knie vom Berg weg). Wenn wir die Skier waagrecht behalten wollen, so müssen wir während des Rutschens eine so starke Vorlage einnehmen, dass der KSP sich über der Skimitte (SM) befindet. Dann entsteht kein Drehmoment. Die starke Vorlage ist deswegen notwendig, weil sich der Mittelpunkt der Skibindung deutlich hinter (SM) befindet. Wenn wir wieder in die Mittellage (KSP über der Mitte der Bindung bzw. Mitte der Fußsohle) gehen, so senken sich beim Seitrutschen die Skienden ab, es beginnt also eine Drehung der Skier, es entsteht ein Drehmoment.

Erschöpfend für die Funktion einer Kurvenfahrt ist diese Darstellung jedoch noch nicht. Beim geschnittenen Schwung z.B. sind weitere physikalische Gesichtspunkte zu beachten, die hier nicht erörtert werden.

Wir sprechen somit eigentlich immer von externen Kräften, die wir benötigen, damit der Ski sich dreht. Wir Skifahrer müssen den Kontakt zwischen uns und dem Untergrund durch entsprechende Körperpositionen und –Aktivitäten (Seitfallen, Kippen, Vor- Rückverlagerung, Seitbeuge) so herstellen, dass wir diese externen Kräfte für eine Skidrehung nutzen können (vgl. S. 54 unten ff).

Lernhilfen:
Vgl. S. 46 Mitte.

- **Gut erkennbare schlechtere Kurvenseite**
Eine solche Zuordnung gibt es wohl bei fast jedem Skifahrer, dass das eine Bein die Aufgaben etwas weniger gut umsetzt als das andere. Hauptmerkmal ist dabei oft, dass man mit der betreffenden Seite weniger gut in die Schneidelinie der Skier kommt und weniger Druck auf die Kanten bringt.

Abhilfe:
In der einschlägigen Literatur werden zahlreiche Hilfen aufgeführt (z.B. Holzmann und Henner, 2013).

- **„Maskierte" schlechtere Kurvenseite**
Ein Detail wird gegenwärtig in der Literatur nicht ausreichend betont und zwar betrifft es Skiläufer, die den oben beschriebenen Misserfolg spüren. Der Grund ist jedoch so gering oder „maskiert", dass er vom Beobachter (z.B. Skilehrer) kaum als verbesserungswürdig ausgemacht werden kann. Trotzdem resultiert der schlechtere Druck auf die Kante auf der weniger guten Seite.

Abhilfe:
Als Ansatzpunkt kommt jetzt das Pendeln des Schwerpunktes längs der Fahrtrichtung ins Spiel. Wie beschrieben (vgl. S. 67 unten), dient dieses Technik-Detail dazu, die Feinheiten des Schwunges z.B. das Schneiden besser darzustellen, und zwar sind hier geringe Dosierungen der Schwerpunktverschiebung nach vorne und nach hinten gemeint. Als Hilfe für den

"schlechteren" Fuß bedeutet dies, dass wir während eines bewussten geringen Zurück- oder Vorschiebens des betreffenden Fußes (während der Fahrt) nachspüren, ob wir damit ein besseres Schneiden erreichen. Das weniger gute Bein hat nämlich meist eine gewisse Blockierung oder eine geringere Bewegungsbereitschaft und dadurch werden gerade diese feinen spielerischen Bewegungen behindert. Bei fein dosierten Bewegungen soll auch berücksichtigt werden: Je näher am Schi, desto besser, also z.B. Sprunggelenk vor Hüftgelenk.

- **Verwindungen der Lendenwirbelsäule**
Beim Auftauchen der Stichworte: „Oberkörper talwärts" oder „Gesäß zum Berg" wird oft versucht, diese Haltung durch entsprechende Verwindung in der Lendenwirbelsäule zu erreichen. Dies ist jedoch nicht zielführend, weil wir den Rumpf als ein allseits freies und frei empfundenes Körpersegment behalten wollen, das nicht durch Verwindungen seiner Zentralachse (=Wirbelsäule) eingeschränkt und blockiert wird.

Abhilfe:
Durch die oben beschriebene parallele Schrägstellung der drei Achsen (durch Mittelpunkte der Sprunggelenke, Kniegelenke, Hüftgelenke) und entsprechende Beugung in den drei Gelenkpaaren die oben erläuterte Körperhaltung einnehmen . Wichtig ist dabei, dass man spürt, wie die Wirbelsäule und der Rücken in Bezug auf das Becken eine weitgehend neutrale Position einnehmen und locker bleiben, obwohl man die beschriebenen Winkelpositionen der Körperachsen einnimmt.

Technische Merkmale des Tiefschwunges

Diese Schwungform ist das führende Element zur Buckelpistenfahrt. Wir sollten den Bewegungsablauf verstehen und durch viel Übung erfahren und vor allem automatisieren. Grundsätzlich kann man diesen Schwung nicht nur in der Buckelpiste sondern auch im flachen Gelände anwenden.

- **Erschwernisse in der Anfangsphase**
Wie bei den meisten Sportarten mit einem gewissen Anspruch gibt es auch hier die „Einstiegsschwierigkeiten"

Abbildung 28: Tiefschwung auf planer Piste

Abhilfe:
Am einfachsten ist es, wenn man die Bewegung zunächst mit Schrägfahrten übt:

Bei der Querfahrt in der Buckelpiste oder der Wellenbahn im Funpark können wir das fundamentale Prinzip für den Körperschwerpunkt gut realisieren: Diesen nämlich immer in gleicher Höhe halten und die Wellenlinie durch entsprechendes Beugen oder Strecken der relevanten drei Gelenkpaare ausgleichen (vgl. Abb. 28 und 29). Bei der Schrägfahrt über mehrere Buckel können wir in einer Art Vorstufe erlernen, wie man in der Buckellinie bremst: z.b. nach Verlassen einer Buckelhöhe während des Streckens der Beine in einen leicht driftenden Schwung zum Berg übergehen und so die Geschwindigkeit dosieren. Wenn wir uns bei diesen Fahrten sicher fühlen, gehen wir zu zügigen Richtungswechseln über.

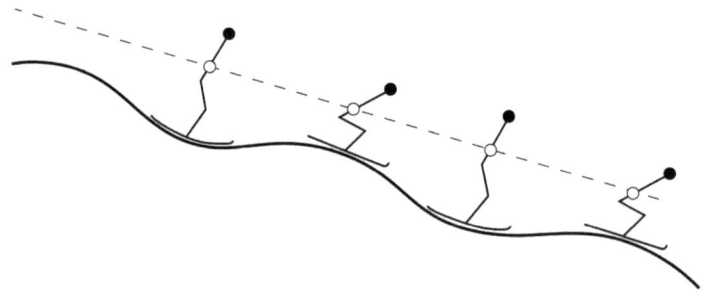

Abbildung 29: Körperschwerpunkt bleibt in gleicher Höhe. Die hier abstrahiert dargestellte Buckelformation bildet die Vertikal-Abweichung der Skier während der Fahrt ab und nicht die tatsächliche Form der Buckel.

Hier die wichtigsten Merkmale des Tiefschwunges:

Aus der Mittellage heraus kleiner werden, also stark beugen in Hüft, Knie- und Sprunggelenken. Wichtig ist hier, dass man erst beugt und die Kniekippung beginnt, dann den Stock einsetzt und erst dann den zweiten Teil des Schwunges einleitet. Im zweiten Teil des Schwunges werden die Ski durch weiteres

Kippen der Knie zur Seite und aktives Wegstrecken beider Beine gedreht. Die Beine werden dabei in die neue Richtung gestreckt, aus der heraus man die Bewegung von neuem beginnen kann. Wichtig dabei ist auch, dass man beide Beine gleichmäßig belastet. Dadurch und durch das aktive seitliche Strecken beider Beine wird der Druck erhöht und eine Bremswirkung erzielt. Durch diesen Schwung auf der planen Piste kann man das spätere Ausgleichen der Buckel simulieren, da das Grundmuster der Bewegung gleich bleibt.

Die Endphase des Schwunges und das ihr unmittelbar vorausgehende Bewegungssegment ist entscheidend für die Effizienz und Qualität der gesamten Kurvenfahrt. Das Gegenteil des oben skizzierten Bewegungselements (also mit gebeugten Beinen Schwung holen, strecken und anschließend wieder mit gebeugten Beinen den Schwung abbremsen) ähnelt sehr dem Bewegungsverhalten beim Landen und Abfedern nach einem Sprung ohne Sportgerät. Dieses neuromuskuläre Verhalten haben wir in unserem bisherigen Leben normalerweise schon sehr häufig geübt und unsere Muskulatur ist bestens darauf eingestellt, den Druckaufbau unter der Fußsohle zu dosieren. Druckaufbau unter der Fußsohle durch Strecken der Beine verbinden wir eher mit dem Beginn eines Bewegungszyklus (z.B. Absprung), jedoch der Druckaufbau an dessen Ende (wie hier beim Tiefschwung), der durch Strecken zustande kommt, ist eher eine ungewohnte Bewegung, und wir treffen dabei auf eine nicht so gute neuromuskuläre Vorbereitung aus unseren Alltagsbewegungen oder anderen Sportarten. Dieser Umstand schmälert natürlich nicht die Überlegenheit des Tiefschwunges (als Ausgleichsschwung) in der Buckelpiste, u.a. auch wegen der wellenangepassten Kurveneinleitung, ganz zu schweigen von dessen Hauptelement, dem Wellenausgleich.

D. Übungen außerhalb der Buckelpiste

Es gibt viele methodische Übungen auf der planen Piste oder auch andere Fahrformen im Gelände, die für die erfolgreiche Bewältigung der Buckelpiste förderlich sind. In diesem Kapitel werden nun exemplarisch einige dieser Übungen außerhalb der Buckelpiste vorgestellt ohne Anspruch auf Vollständigkeit.

Tiefschwung

Dieser Schwung lässt sich auch bei anderen Geländeformen (z.B. plane Piste) anwenden, wenngleich er dort meist weniger effektiv ist als andere Schwungausprägungen. In aktuellen Lehrbüchern wird zur Erläuterung dieser Fahrtechnik die Bezeichnung „Tiefschwung" für die Fahrt im buckligen Gelände nicht mehr verwendet (Burger et al 2012, Lohninger 2013). Für die hier angesprochenen Übungen müssen wir uns die Buckel wegdenken und die beschriebenen Bewegungsmerkmale im Hinblick auf die Buckelpiste trotzdem beibehalten. Diese Technik in der betonten wie eben in der Buckelpiste erforderlichen Form ist vielen Skiläufern fremd. Wir sollten uns jedoch bemühen, diese Technik oft anzuwenden, damit sie uns zur Selbstverständlichkeit wird. Dies bringt Vorteile:

- Die so eingeübten Elemente sind uns auf der Buckelpiste dann nicht mehr so fremd.
- Wir werden erstaunt registrieren: Viele Abschnitte im freien Gelände oder auf der nicht optimal präparierten Piste lassen

sich jetzt unter Einbeziehung der Tiefschwungelemente spielerischer und sicherer befahren.

Lernhilfen:
Situationen, die sich für den Tiefschwung eignen:

Firnschnee, besonders wenn die gefrorene Schicht nicht tief ist. Dabei ist der Tiefschwung eine ideale Form, Druckspitzen (Einbruchgefahr) zu vermeiden.

Plane, mittelsteile Piste: Ausführung der Schwünge mit übertriebener Beugung bis zur Hocke und fast vollständiger Streckung (vgl. Abb. 28). Die ist zwar eine sehr ineffiziente Fahrweise, u. a. pendelt ständig der Schwerpunkt von oben nach unten und umgekehrt, aber es ist eine Empfindung dieser Beugung aus anderer Sicht. Wir nähern uns so dem in der Buckelpiste erforderlichen Bewegungsmuster. Wichtig dabei auch: möglichst frühzeitig Knie kippen und um kanten.
Nebenbemerkung: Sie werden schnell feststellen, dass man dabei wesentlich mehr Muskelarbeit leistet als bei anderen Fahrweisen auf der planen Piste. Man kommt schneller außer Atem.

Tiefschnee: Hier kann der Tiefschwung elegant und spielerisch angewendet werden.

Abfahrten in unwegsamem Gelände mit entsprechenden Kanten und Wellen: z.B. Waldbereich, Endabschnitte von Touren-Abfahrten

Isolierung einzelner Elemente des Bewegungsablaufs

In Kapitel B wurde beschrieben, dass sich die einzelnen Bewegungsmerkmale gegenseitig bedingen und teilweise ineinander übergehen. Konsequenz: Wenn alle Elemente gut ausgeführt werden und zusammenspielen, dann gelingt der Buckelpistenschwung. Der „Umkehrschluss" jedoch, dass die Technik in der Buckelpiste nur im Gesamtzusammenhang zu üben und zu lernen sei, weil eben die einzelnen Elemente so ineinander verflochten sind, ist nicht richtig. Wie bei fast jeder Sportart kann man einige Phasen oder Elemente des Bewegungsablaufes herausnehmen und einzeln üben.

Übungsbeispiele:

- Situationen, die zu speziellen Übungen einladen, u.a. Wellenbahn im Funpark (weitere Beispiele vgl. S. 15)
  Schrägfahrt mit Bremsphasen (vgl. S. 71 unten)
  Übung aus dem Stand (vgl. S. 26, vorletzter Absatz)
  Einbeinige Kurzschwünge (vgl. S. 50)
  Innenskischwünge (vgl. S. 50)
  Waldabfahrten (falls erlaubt) im Tiefschnee (Bewältigung unerwarteter Richtungsänderungen)

- Ein Element ist jeweils das Umstellen eines Bewegungsimpulses in seinen Nachfolgeimpuls während einer relativ raschen Buckelfahrt. Das ist auch für gute Fahrer anspruchsvoll im Vergleich zu einem Schwung auf einer planen flachen Piste. Trotzdem müssen hier wie dort die Bewegungsimpulse souverän und unverkrampft ausgeführt werden.

In anderen Disziplinen des Alpinskilaufs gibt es auch Situationen, bei denen die Skier mit relativ hoher Geschwindigkeit aufgrund der Fliehkräfte fast in der Luft sind und die Umsetzung des Schwunges trotzdem effizient und technikgerecht stattfinden muss. Die Übungen solcher Schwünge bringen uns dem oben genannten Anforderungsprofil nahe und dieser Umstand bedeutet eine Hilfe beim Umgang mit den Erschwernissen in der Buckelpiste.

Beispiele:
Freeriden, Steilrinnen-Fahren mit Kurzschwüngen: Ab einer gewissen Steilheit ist es erforderlich, trotz permanenter Drift-Komponente gegen Ende des Schwunges ein gewisses Schneiden zu setzen und dann in der Luft zu drehen und zu kippen, um den neuen Schwung sicher einzuleiten (Lohninger, 2013). Beim modernen Freeriden hat sich anders als bei früheren Empfehlungen die beidbeinig weitgehend gleiche Belastung bewährt (keine extreme Talski-Belastung). Dies sieht man auch an einer gekonnten Spur in einer Steilrinne: Der Endabschnitt des Schwunges mit Schneiden und Absprungphase zeigt die Linien beider Skier im Schnee weitgehend gleich (vgl. S. 86 unten ff, „eisige Oberfläche….physikalischer Hintergrund").

Kurzschwünge auf planer, mittelsteiler Piste in möglichst hoher Frequenz.

- **Vorausblick während der Fahrt**
Wie oben für die Buckelpiste beschrieben, sollten wir die nächsten 20 bis 50 Meter im Blick haben und die Augen nicht auf die unmittelbare Umgebung unserer aktuellen Fahrsituation heften.

Lernhilfe:
Schaffen Sie sich ein Werkzeug, das Ihnen hilft die hier notwendige Selbstkontrolle nicht immer wieder zu vergessen. Einen so unsichtbaren und scheinbar unwichtigen Fehler wie die „Kurzsichtigkeit" vergessen Sie sonst garantiert immer wieder.

Probieren Sie auf derselben Strecke beide Möglichkeiten aus (Sicht mit Überblick und absichtlich gewählte „Kurzsichtigkeit"). Sie werden feststellen, wie Ihnen die weiter vorausschauende Wahrnehmung mehr Souveränität gibt. Natürlich muss es so sein, dass der Nahbereich noch genügend im Sichtfeld bleibt, aber eben nicht im Zentrum der optischen Fokussierung.

Eine Übung für Vorausschau und ruhige Haltung des Rumpfes: Fahren Sie Kurzschwünge auf einer mittelsteilen Piste und fixieren Sie einen Punkt in etwa hundert Meter Entfernung. Bemühen Sie sich, den Oberkörper ruhig zu halten und fahren Sie auf diesen Punkt zu, Schwungrhythmus und Oberkörperhaltung immer gleich bleibend.

E. Andere Fahrweisen in der Buckelpiste

MAn kann aber auch anders in der Buckelpiste fahren, wobei die oben beschriebenen Bewegungsmerkmale zwar zu guten Teilen realisiert werden, jedoch teilweise in leicht abgewandelter Form und unter Anwendung anderer Technikmerkmale, welche in diesem kurzen Kapitel aufgezeigt werden.

- **Fahrt über die Buckel**

    Bei dieser Technik weicht die Linie dann ab von der im Hauptteil (C) beschriebenen Ausführung. Dabei werden zur Kurveneinleitung jeweils die höchsten Punkte bzw. die Kuppen der Buckel gewählt und die Steuerphase der Kurve erfolgt auf dem Buckelabhang. Um den Schneekontakt nicht zu verlieren, ist dabei nur eine geringe Geschwindigkeit möglich. Für Übungszwecke ist diese Fahrweise gut geeignet, vor allem Buckelanfänger können bei geringer Geschwindigkeit hier besser erste Erfolge erzielen, denn das Kriterium der Mindestgeschwindigkeit (vgl. S. 26 oben) gilt hier nicht. Außerdem ist das driftende Bremsen auf dem Buckelabhang ein bekanntes Technikelement, das zu den einfacheren Lerninhalten gehört (z.B. Schwung zum Hang auf der planen Piste).

    Diese Fahrweise kann aber nicht das Ziel unserer Übung sein. Erst die richtige Linie bringt das Gefühl, wie eine Katze geduckt und gestreckt im gefühlten Höllentempo um die Buckel zu schlüpfen.

- **Stil-korrekte Variante mit ausbleibendem Schneekontakt**

Fahrt um die Buckel (wie in Kapitel B beschrieben), jedoch die Kurven etwas enger, etwas weniger Vorlage (u. a. weniger Flexion im Sprunggelenk, dadurch mehr Schaftsteifigkeit tolerabel) und höhere Geschwindigkeit. Der Schneekontakt wird bewusst aufgegeben. Jedoch resultiert keine Aushebelung mit unkontrollierter Luftphase, sondern die Skier befinden sich nur eine kurze Strecke über dem Buckelabhang, ein bis wenige Zentimeter über der Schneefläche. Ohne videogestützte Auswertung ist das kaum zu erkennen. Der Bewegungsablauf ist sonst ganz ähnlich wie oben beschrieben (Kap. B). Am Beginn des Prallhanges treffen die Skier wieder auf den Schnee, und zwar bei gleichzeitiger Beugung der drei relevanten Gelenke. Dabei baut sich starker Druck auf, der die Skier abbremst. Die Bremswirkung durch längere Drift-Strecken ist dafür etwas geringer.

Eine solche Fahrt kann sehr dynamisch und elegant wirken. Außer dem fehlenden Schneekontakt sind alle Kriterien zum Befahren der Ideallinie erfüllt. Oft fahren Skilehrer in dieser Weise, wenn sie zu Lehrzwecken eine optimale Fahrt in der Buckelpiste demonstrieren wollen.

Allerdings erfolgt bei jeder Kurve nach Beendigung der Luftphase (fehlender Schneekontakt) ein Aufprall, der sich als Stoß in die Gelenke fortsetzt und schädigend wirkt und zwar auch dann, wenn die Abfederungsbewegung optimal gesetzt wird. Aus diesem Grund ist die hier beschriebene Technikvariante abzulehnen. Diese Fehlentwicklung ist z.B. den Skischulen zu wenig bekannt, denn ich kenne eine ganze Anzahl engagierter und sehr guter Skilehrer und Guides, denen ich immens viel verdanke, die aber nicht in der Lage sind, Buckelpiste anders als in der hier beschriebenen Form zu fahren. Als logische Folge davon hört man auch immer wieder Bemerkungen von Skilehrern, dass Buckelfahren auf die Gelenke gehe. Aus meiner Sicht sind gerade die Skilehrer – sozusagen als Botschafter des Skisports – Opfer dieser Fehlentwicklung, weil ihnen durch die Dominanz der allgemein üblichen Skischuhmodelle ein Material aufgezwungen wird, das ihnen von Anfang an das Buckelfahren mit Schneekontakt nicht angemessen möglich macht und so beurteilen auch sie die Fahrweise in der Buckelpiste falsch und lehnen sie ab, obwohl die einschlägigen Entscheidungsträger zumindest der Wortwahl nach gegenteilige Meinungen vertreten (vgl. S. 101, zweiter Absatz).

- **Fahrt gegen die Buckel**

Ausführung der beschriebenen Methode in noch extremerer Form, auch „Fahrt gegen die Buckel" oder „Abgipfeln" genannt: Man steuert direkt von Prallhang zu Prallhang und kürzt die Kurvenlinien stark ab (Burger et al, 2012, Holzmann et al, 2013). Auch dabei ist Schneekontakt nicht vollständig möglich und die Variante ist aus den oben beschriebenen Gründen abzulehnen.

F. Spezielle Trainingsformen: In der Gruppe, ohne Ski und in der schneefreien Zeit

Für eine gute und intensive Hinführung bzw. für ein vertiefendes Training, das teilweise sogar in den schneefreien Monaten ausgeführt werden kann, bieten sich einige Übungen mit und ohne Partner an, von denen hier auch einige exemplarisch aufgeführt werden.

Partnerübung

Wenn man mit einer Gruppe von 4-8 Leuten ein Buckelpistentraining durchführt, kann man zunächst über verschiedenste methodische Übungen bestimmte Bewegungsaspekte als besondere Merkmale herausstellen, z.B.:

- Position des Schwerpunktes auf dem Ski nicht zu weit hinten
- genügend Bewegungsamplitude aus den Beinen
- das richtige Timing des Beugens und Streckens
- Arme mit Spannung vor der Hüfte halten und Stock früh einsetzen
- beide Beine weitgehend gleichmäßig belasten (ist nicht unbedingt immer sichtbar, nur wenn ein Bein angehoben wird oder die Fußstellung zu breit ist)

Nachdem alle diese Aspekte verinnerlicht und geübt wurden (jeweils immer pro Fahrt nur ein Aspekt), kann man die Gruppe teilen, so dass jeder einen Partner hat. Die eine Hälfte der Gruppe fährt nun vor bis zu einem vereinbarten einsehbaren Punkt. Jeder Vorgefahrene dreht sich nun um und beobachtet auf Zeichen seinen/ ihren Partner/ Partnerin. Die Beobachter achten nun auf drei selbst ausgewählte Aspekte, die zuvor gemeinsam trainiert wurden und gibt dem Partner nach beobachteter Fahrt diesbezüglich eine Rückmeldung. Die Fahrer(innen) hingegen achten bei ihrer eigenen Fahrt nur auf einen für sie besonders wichtigen Aspekt. Danach wechselt man, so dass der Fahrer zum Beobachter wird und anders herum. Das Feedback sollte hierbei nicht länger als höchstens 30 Sekunden dauern, um so nur das Wesentliche kurz und prägnant herauszustellen.

Diese Übung hat sich im etwas gehobeneren Bereich und vor allem bei Lehrgängen für Instruktoren als sehr gewinnbringend erwiesen, da hier sowohl das eigene Fahren besonders gezielt geschult wird als auch das Beobachten und Korrigieren, was ja für den Instruktor genauso wichtig ist, häufig beim Training aber vernachlässigt wird (Idee und Text zu dieser Partnerübung: Nicolas Kurpiers, vgl. S. 107).

Übung ohne Ski zur „Ausleitung" von eingeübten hinderlichen Haltungen und zur Vermeidung von Verkrampfungen

- Skier abschnallen, bequemen Stand suchen, seitlich im Bereich des Buckelhanges. Entspannt stehen, sich möglichst weit zusammenfallen lassen bis zu dem Punkt, an dem das Sprunggelenk blockiert und noch keine starke Verschiebung des Schwerpunktes nach hinten stattgefunden hat. Der Reaktion an den drei Gelenken (Sprung-, Knie- und Hüftgelenk) nachspüren. Wieder zurück in die Ausgangshaltung, dies einmal wiederholen.

- Sodann diejenige Haltung einnehmen, die der jeweiligen eigenen öfter erlebten Verkrampfung entspricht. Dieser hinderlichen Haltung mit allen ihren Merkmalen nachspüren eine halbe oder Viertelminute so verharren. Anschließend durch entsprechende Bewegung Übergang zu entspannter, zielführender Haltung. Dem Empfindungsverlauf nachspüren. Dieses Procedere mehrmals wiederholen.

- Auffinden einer solchen hinderlichen Haltung:
  Dies kann eine Haltung sein, bei der jemand wie oben beschrieben zum Opfer der Buckelpiste wird (vgl. S. 35 unten), jedoch kann auch eine ganz andere Haltung bei Ihnen die häufigste verkrampfte Blockierung sein. Wichtig ist es, diese hinderliche Haltung möglichst genau zu kennen. Denn nur bekannte Fehler kann man beseitigen. Dienlich ist es, dazu einen möglichst objektiven Begleiter nach seinem Eindruck zu befragen und sich die eigene Fehlhaltung beschreiben zu lassen.

Trockenübungen

Es gibt verschiedene Beispiele für Übungen, die man das ganze Jahr ohne Schnee durchführen kann, um sich sportartspezifisch fit zu halten und bestimmte Bewegungsabläufe zu schulen. Falls man dies nicht den ganzen Sommer über ausdehnen möchte, kann man sich mit solchen Übungen während ein bis zwei Monaten auf den Winter vorbereiten. Exemplarisch seinen hier zwei Möglichkeiten aufgeführt:

- Eine Übung mit erheblichem Aufwand in der Vorbereitung ist der so genannte „Grashopper", der von engagierten Wettkampfsportlern angewendet wird. Bei dieser Übung hüpft man einen Hang hinunter, in dem man leicht versetzt Löcher ausgehoben hat mit einem Abstand von ca. 0.5 bis 1 Metern. Angelehnt an das Bewegungsmuster von Kurzschwüngen wird von Loch zu Loch gesprungen. Man benutzt dabei die Skistöcke, um möglichst nah an der „echten Bewegungsausführung" zu sein und versucht dabei, mit den Beinen die Stöße exzentrisch abzufedern während man den Rumpf angespannt hält und stabilisiert. Diese Übung scheint eher eine Option für ambitionierte Fahrer zu sein, die die Ausgleichstechnik in der Buckelpiste bereits gut beherrschen.

- Ein weitere Möglichkeit ist „Grasschilauf" mit ausgedienten Normalskiern: Man sucht einen mittelsteilen Grashang auf und befährt diesen mittels „Kurzschwüngen", es ist dann ein modifiziertes Hüpfen von Kurven-Innenkanten zu Kurven-Innenkanten. Wichtig ist dabei, beim Aufprall der Skier auf der Grasoberfläche ebenfalls exzentrisch abzufedern, womit man einen Teil der Anforderungen am Prallhang in der Buckelpiste simuliert. Ideal ist das Gefälle, wenn bei nassem Gras (Tau oder Regen) und Geradausfahrt die Skier gerade noch bergab rutschen. Diese Trainingsform wurde übrigens in den fünfziger und sechziger Jahren des letzten Jahrhunderts während der schneefreien Zeit oft von ambitionierten Wettkampfsportlern angewendet, als die verkehrstechnisch und mit Aufstiegshilfen erschlossenen Gletscherregionen noch nicht verfügbar waren.

Inline-Skating:

Das Problem der beidbeinig gleichen Belastung: Beim Slalomfahren mit Skates (z.B. Kurven um Hütchen, die in gerader Linie aufgestellt sind, Abstand einige Meter) lernt man sehr schnell, in der Kurve beidbeinig gleich zu belasten, weil eine deutliche Belastungsdifferenz zu Unsicherheit und leicht zum Sturz führt.

Technik des Speed-Skatings: eine gute Sportart, um Muskel-Performance und Koordination zu verbessern, Ähnlichkeit zum beschriebenen Knorpel-anregenden und Gelenk-stabilisierenden Effekt beim Buckelpistenfahren (vgl. S. 92 unten „Gelenke"). Außerdem erfordert diese Art zu skaten Bewegungen, die den korrekten Kanteneinsatz beim Skilaufen simulieren (Publow, 1999).

G. Schneearten

Es gibt natürlich unterschiedliche Schneearten, die unterschiedlich anspruchsvoll sind. Im Folgenden werden einige dieser Schneearten und die Probleme, die sie mit sich bringen können und deren mögliche Abhilfe aufgeführt. Die Reihung beginnt mit der leichtesten Schneeart und endet mit der schwierigsten:

- Aufgefirnte Oberfläche

- Gleichmäßig griffige Pulverschneeoberfläche

- Fest gefahrener Pulver ohne eisige Stellen

- Geringe Schneehöhe im Hochgebirge: An den Buckelabhängen (schlecht einzusehen) schauen gelegentlich Felsen heraus. Vorsichtig fahren.

- Halb eingefahrene Buckelpiste mit viel Neuschnee

- Eisige Oberfläche

Je nach Schneeart ergeben sich dabei folgende Strategien zur Bewältigung:

- Eisige Oberfläche:
Den Außenski nicht übermäßig stark belasten. Die früher übliche starke Talskibelastung wird heute noch manchmal bei

Kurzschwüngen auf steiler und/oder vereister Piste empfohlen, dies ist aber nicht effektiv.

Physikalischer Hintergrund:
- Früher gab es die berechtigte Zielvorstellung, den aufgekanteten Talski mit dem gesamten Körpergewicht zu belasten, um den Ski entsprechend dem Kreissegment einer Kurve durchzubiegen und so die Kurve zumindest mit dem Außenski geschnitten zu fahren, denn für die Durchbiegung beider Skis reichte die Fahrtwucht meist nicht aus. Bei den heutigen Carving-Skis ist dieses Kreissegment bereits bautypisch weitgehend hergestellt und die Durchbiegung mittels Körpergewicht viel weniger erforderlich.
- In der alpinen Grundposition sollte der maximale Aufkantwinkel bei beidbeinig weitgehend gleicher Belastung nicht geringer sein als bei reiner Talskibelastung.
- 3,60 Meter Kante bieten mehr Halt als 1,80 Meter (wenn man den Bergski mit Null Auflagegewicht ansetzt), wobei die physikalische Beantwortung allerdings komplizierter ist als es der erste Blick nahelegt.

- Eisige Oberfläche, jedoch vom Vortag gefrorener Firn:
Diese Schneeart ist sicher kein Vergnügen und wir werden keinen halben Tag dort verbringen, jedoch als kurze Probier-Phase, um eine bessere Einschätzung unserer skitechnischen Fähigkeiten zu bekommen, ist sie sehr aussagefähig. Wenn sich ein unerfahrener Läufer auf eine solche Piste begibt, so treten alle Buckelprobleme auf einmal auf: ausbleibender Schneekontakt, man verkrampft, man wird von den unerwartet schnell beschleunigenden Skiern überrascht, durch die rubbelige Oberfläche werden die Skier einzeln aus der Linie gerissen.

Abhilfe:
Möglichst langsam fahren, sich nur wenige Buckel vornehmen und dann stoppen. Die Kanten nicht zu bissig einsetzen, vermehrt Driftbewegung (Seitrutschen) zulassen. Beugebewegung maximal ausführen. Geschlossene Beinhaltung beachten. Eventuell ganz oder teilweise eine Fahrt über die Buckel wählen (vgl. S. 79).

- Eingeebnete Buckelpiste mit reichlich Neuschneeauflage. Es erscheint einem unmöglich, geeignete Drehpunkte für die Kurven zu finden.

Abhilfe:
Die vorher beschriebenen Regeln zur technischen Ausführung gelten hier nicht mehr vollständig. Dabei sind dann auch Schwünge ohne Tiefgehen bzw. Ausgleichen anzuwenden und Bewegungsausführungen des Tiefschneefahrens, wobei der Schwerpunkt etwas nach hinten verlagert wird. Dabei sollte jedoch die Winkelbewegungen im Sprunggelenk nach vorne nicht wesentlich vermindert werden. Auch gerade bei solchen eher schwierigen Buckelpistenverhältnissen den Blick nicht so sehr im Nahfeld fixieren, sondern weiter nach vorne richten, auch wenn gerade die Erschwernis dazu verleitet, den Blick auf die unmittelbar drohende Problemzone zu richten. Je mehr sich jedoch wieder die Buckel darstellen, umso mehr gilt wieder die oben beschriebene eigentliche Buckelpistentechnik.

H. Material

Es gibt für jeden Bereich im alpinen Skisport eine spezielle Ausrüstung, die mehr oder weniger gut für bestimmte Disziplinen geeignet ist. Hier werden die wichtigsten Vorzüge und Nachteile aufgeführt.

Ski:

Riesenslalom oder Allmountain, letztere unter der Bindung nicht breiter als 90 mm, übliche Länge. Zur Breite generell: Auch auf harter, jedoch nicht eisiger, eingefahrener Buckelpiste ist eine größere Breite als beim Pistenski durchaus gut verträglich.
Weniger geeignet sind harte Slalomskier (zu aggressiv) oder extrem breite Powder-Varianten (schwer aufzukanten).
Zur Wahl der Skilänge: Der Gedanke „dicht hintereinander folgende enge Kurven, deswegen eher einen kürzeren Ski" ist abwegig. Störend kann sich höchstens eine Länge ab 185 cm (z.B. Freeride-Skier) auswirken. Sie sollten einen Ski wählen, der in der Länge Ihren Ansprüchen auf der planen Piste entspricht (kurze und längere Radien).
Neuheit der letzten Jahre: Die Rocker-Eigenschaft ist für die Buckelpiste günstig.

Stöcke:

5 bis 10 cm kürzer als die übliche Empfehlung. Dies ergibt sich aus dem Bewegungsablauf und dem welligen Gelände, bei dem häufig die Einstichstelle des Stockes höher sein kann als die Auflagestelle der Füße.

Schuhe:

- Die Schuhe sollten eine vermehrte Flexion des Schaftes nach vorne zulassen, damit bei der Beugebewegung keine zu starke Rücklage erzwungen wird. Der Freiheitsgrad der Beugung im Sprunggelenk darf bis nahe an die anatomische Begrenzung herangehen, also 35° bis 40° zur Senkrechten. Leider gibt es solche Schuhe kaum auf dem Markt, eine spezielle Modifikation ist notwendig. Es gibt eine kleine Anzahl von kleinen Geschäften oder Firmen im Alpenraum und dessen Umfeld, die sich auf hochqualifizierte individuelle Anpassung von Skischuhen spezialisiert haben. Bitte entsprechende Infos beschaffen und vorher das Anliegen telefonisch besprechen.

- Beim Umbau des Schuhes kann eine Erhöhung der Absatzsprengung sinnvoll sein. Damit ist eine verstärkte Anhebung der Ferse gemeint, z. B. durch eine Modifizierung des im Schuh vorhandenen Bauteiles zwischen Schalensohle und Innenschuhsohle.

- Es wird von Insidern zum Erreichen einer besseren Beweglichkeit des Fußes für die Schale ein niedriger Flexwert (Frauen 80 bis 100, Männer 100 bis 120) empfohlen. Dies ist nicht zielführend, weil eine seitliche Stabilität durchaus erwünscht ist, wenn auch in den Buckeln die Aufkantbewegung nicht so wirkungsvoll ist wie in anderen Disziplinen. Es ist auch überhaupt nicht vorstellbar, wie eine gute Seitenstabilität störend wirken soll, vorausgesetzt, es ist die geforderte hochgradige Flexausbildung nach vorne gegeben. Außerdem wird keiner von uns gerne die Schuhe wechseln wollen, wenn er zu einem anderen Pistenabschnitt wechselt und vermehrt Seitenstabilität wünscht (z.B. Carven oder sportliches Fahren auf steiler planierter Piste).

- Da in den Buckeln mehr Flex nach vorne als bei den anderen Disziplinen des Alpinskilaufes erwünscht ist, sollten die Schuhe entsprechend gebaut oder verstellbar sein.

- Der stärkere Freiheitsgrad des Skischuhes in der Flexion nach vorne kann noch einen weiteren fahrtechnisch positiven Effekt haben : Das Prinzip für die skitechnischen Bewegungen „je näher am Ski desto besser" lässt sich mit einem solchen Schuh leichter verwirklichen, weil die Bewegungen nahe am Ski, nämlich mit dem Sprunggelenk, leichter fallen.

I. Gesundheitsfaktor, Körperbau und Medizinisches

In diesem Kapitel werden ein paar wichtige gesundheitliche Aspekte angesprochen, althergebrachten Vorurteilen widersprochen und die Besonderheit unterschiedlicher Körperproportionen in der Buckelpiste in aller Kürze dargestellt und erklärt.

- Sehr leicht werden Sie feststellen, dass Fahrten auf der Buckelpiste neben vermehrter Schnellkraft und Kraftausdauer vor allem auch deutlich vermehrte kardio-pulmonale Ausdauer erfordern. Dieses Anforderungsprofil ist bei den anderen Alpinski-Sportarten bei weitem nicht so wichtig. Leider existieren zu diesem Phänomen keine vergleichenden Studien. Es ist jedoch festzuhalten, dass ein sehr positiver Trainingseffekt von Buckelpistenfahrten ausgeht.

- Training zur neuromuskulären Koordination: Die Ansprüche dieser Sportart beinhalten naturgemäß viele Komponenten zur Schulung der Bewegungskoordinationen.

- Gelenke:
  Es gibt in der Physiotherapie bestimmte Übungen zur Behandlung leichterer Arthrose-Grade. Vor allem drei Behandlungsmethoden werden angewendet:
    - Beseitigung von Muskeldysbalance (= keine ausgeglichenen Muskelkräfte über den Gelenken) und adäquate

Wiederherstellung fehlender Muskelkräfte durch Krafttraining.
- Stabilisierung der Bandapparate durch Anwendung entsprechender Reize auf die Bänder.
- Bewegungswiederholungen für die Gelenke, die den gesamten Knorpelgleitweg der Gelenke (also deren gesamten Bewegungsumfang) umfassen und so über den Bewegungsumfang der Alltagsbewegung hinausgehen.

Genau dieser Therapie-Ansatz ist es, der beim Buckelfahren (z.B. großer Knorpel-Gleitweg an den Kniegelenken) zum Tragen kommt, allerdings nur, wenn der Schneekontakt kontinuierlich gehalten wird. Sobald der Schneekontakt verloren geht, schlägt die oben beschriebene Wirkung in ihr Gegenteil um und es entstehen Schäden an den Gelenken. Das betrifft leider viele Fahrer in den Buckelpisten, meist solche, die die Buckeltechnik nicht gelernt haben oder vereinzelt auch solche, die bewusst und gekonnt eine andere Technikausführung als die hier empfohlene fahren und die es unmöglich macht Schneekontakt zu halten. Daraus ergibt sich die verbreitete Meinung, dass die Buckelpiste den Gelenken schadet.

- Beuge-Bewegung und Schwerpunkt:
Die Relation zwischen Beinlänge und Gesamtkörpergröße ist von Mensch zu Mensch verschieden. Wenn wir im Barfußstand die Beuge-Bewegung etwa zu zwei Drittel durchführen und den Schwerpunkt über Fußsohlenmitte halten, so ergibt sich folgende Beziehung zwischen Schwerpunkt und Winkelstellung im Raum für Rumpf-, Ober- und Unterschenkel: Die Beugung des Oberschenkels (ausgehend vom Aufrechtstand) führt den Schwerpunkt deutlich nach hinten, die vergleichsweise leichte Beugung des Rumpfes nach vorne führt den Schwerpunkt gering nach vorne und die Beugung des Unterschenkels führt den Schwerpunkt ebenfalls, jedoch stärker als die Rumpfbeugung, nach vorne. So bleibt der Schwerpunkt wie bei der Ausgangs-

position (Aufrechtstand) über der Mitte der Fußsohle.

Beim Vergleich von Körperbautypen gleich großer Personen untereinander bezogen auf die Beinlänge ist Folgendes festzustellen: Bei Personen mit relativ langen Beinen und bei gleicher Winkelstellung des Oberschekels im Raum (z.B. bei zwei Drittel der Beugung) bewirkt dieser eine größere Rückverlagerung des Schwerpunktes als bei einem gleich großen Fahrer mit relativ kurzen Beinen. Beim langbeinigen Fahrer/in bewirkt nun die gleiche Vorbeuge des Rumpfes weniger Schwerpunktverschiebung nach vorne und dies muss (falls der Rumpf nicht übertrieben vorgebeugt wird) durch eine verstärkte Beugung des Unterschenkels nach vorne ausgeglichen werden.

Abbildung 30: Verschiedene Körperproportionen

Die Konsequenz aus diesem Sachverhalt lautet, dass eine Person mit diesen skizzierten Körpermaßen keine Chance hat, die erforderliche verstärkte Beugung im Sprunggelenk einzunehmen, falls handelsübliche Skischuhe verwendet werden. Diese lassen nämlich nicht die geforderte stärkere Beugung im Sprunggelenk zu.

Das gilt für alle Körperbautypen, bei dem oben skizzierten Typus tritt der Umstand aber noch besonders unangenehm in Erscheinung.

J. Einige persönliche Erlebnisse und Anmerkungen zur Entwicklung des Buckelpistenskilaufs

Bis in die 70-er Jahre des letzten Jahrhunderts hinein waren fast alle Pisten Buckelpisten. Vormals fuhr man dabei Hochentlastungsschwünge. Eine Verbesserungsmöglichkeit lag in der Luft. Die Methode mit Tiefschwung („Beugen-Drehen-Strecken" u.a. nach Prof. Stefan Kruckenhauser, vgl. S. 107) trat dann Ende der 60-er Jahre markant in Erscheinung, ein Plus für die Buckelpiste. Diese Technik wurde von vielen Skifahrern angenommen. Wären diese Leute damals alle Schwünge mit Aufprallphasen, also mit Phasen ohne Schneekontakt gefahren wie es heute viele der Buckelfahrer praktizieren, hätten wir eine beachtliche Bevölkerungsgruppe mit Gelenkschäden unter uns. Allerdings erlaubten die Schuhe zu jener Zeit wesentlich mehr Beugung im Sprunggelenk und die Beugebewegung mit Schneekontakt war deswegen ohne Probleme möglich.

In den späteren Jahren, als schon größere Teile der Skipisten maschinell präpariert wurden, konnte man interessante Unterschiede zwischen einer guten Fahrt in den Buckeln und einer gekonnten Fahrt auf der planen Piste beobachten: In den Buckeln belastete man beidbeinig weitgehend gleich. Auf der planen Piste hingegen zeigte sich die Spur einer gekonnten Fahrt (gewöhnlich als „geschnittener Schwung" bezeichnet) so, dass die schneidende Linie meist nur von einem Ski zu sehen war (im Gegensatz zur heutigen beidbeinigen Belastung), der Innenski wurde kaum belastet (Kuchler, 1989). Durch entsprechende Dynamik musste der Fahrer den Ski in eine Biegelinie bringen, die dann dem Kurvenverlauf entsprach. Abgesehen von der gewählten

Fahrtechnik (geringe Belastung des Innenskis) reichte die Zentrifugalkraft eben nur für die Kurven-Durchbiegung eines Ski. Fuhr man beidbeinig (der gewohnte Schwung des Buckelfahrers), konnte man diese markante Schneidelinie auf der planen Piste nicht hinkriegen (ausgenommen vielleicht Rennlauf), weil die Biege-Zentrifugalkraft für die Durchbiegung von zwei Skiern eben nicht reichte. Zitat meiner 16-jährigen Tochter aus dieser Zeit als Zuschauerin anlässlich eines Buckelpisten-Wettbewerbes in Zermatt: „Papa, das ist doch komisch. Die Buckelfahrer sind doch so tolle Skiläufer, aber den geschnittenen Schwung auf der geraden Piste können die nicht richtig."

Diese „Blütezeit" der Buckelpiste dauerte jedoch nicht lange. In den 80-er Jahren fand man den Großteil dieser Pistenflächen maschinell präpariert. Inzwischen hatte sich auch der Skischuh-Bau weiter entwickelt, die Schalenanpassung wurde effektiver und die Kraftübertragung verbesserte sich. Zusammen mit der Einführung des Carving-Ski in den 90-er Jahren führte dies zu einer vorher nicht für möglich gehaltenen Verbesserung der Bedingungen für unseren Alpinskisport. Die Carving-Schneidelinien beider Skier auf der planen Piste als Ausdruck einer genussvollen Fahrt sind zur Selbstverständlichkeit geworden. Die Liste der Vorteile des modernen Skilaufs ist lang: weniger Verwindungen der Körperachsen, beidbeinige Belastung schonender für die Gelenke, Kurveneinleitung einfacher, viel raschere Lernerfolge allgemein, viel leichterer Zugang zum Tiefschneefahren, Entwicklung der Freeride-Technik in ihren sportlichen Formen, durch die verbesserte Eindreheigenschaft in die Kurve auch für schwächere Fahrer schnellere Reaktion bei Gefahren möglich und vieles mehr.

So weit so gut. Aber viele Erfolgsgeschichten weisen eben auch „Kollateralschäden" auf, so auch hier. Da bei den meisten Alpinski-Disziplinen eine stärkere Winkelauslenkung des Skischuhschaftes nach vorne wie in der Buckelpiste nicht erforderlich bzw. teilweise sogar ungünstig ist, hielt sich die Industrie an die Nachfrage und produzierte keine Schuhe mehr mit jener Eigenschaft der stärkeren Sprunggelenkfreiheit. Das führte zu einer ganzen Reihe von Absurditäten:

- Bei Kindern (Altersstufe 8 – 12 Jahre, jenseits der Lernstufe „Hängegleichgewicht", vgl. S. 103) behindert die Schaftsteifigkeit mit geringem Flexionswinkel: Sie können z.B. bei einem Sprung nicht richtig abfedern. Dabei ist ein Sprung und die zugehörige Landung für Kinder in diesem Alter eine der wesentlichsten körperlichen Spaß- und Trainingsformen. Bei ungünstigem Erscheinungsbild wird man an gepanzerte Marsmenschen erinnert, die an Sprunggelenk und Unterschenkel starre Hülsen haben und alle sportspezifischen Bewegungen aus dem Körper oberhalb der Knie herleiten müssen.
- Vermutlich hat der Skischuhbau die Entwicklung der Fahrtechnik in den Buckeln beeinflusst. Fahrer der gehobenen Können-Stufe nehmen den geringen Flexionswinkel als „Gott-gegeben" hin und fahren eine andere Technik ohne kontinuierlichen Schneekontakt, nehmen also zukünftige Gelenkschäden in Kauf.
- Es wird vom Spitzensport her empfohlen, weichere Schuhe zu verwenden (wohl wegen der Flexionseigenschaft), anstatt anzumahnen, dass eben die Flexionseigenschaft des Schaftes selbst der Knackpunkt ist.
- Viele Skifahrer erleben die Schaft-steifen Produkte so: Man muss sie erst einfahren, dann werden sie nachgiebiger.
- Jährlich gibt es im Alpinskilauf 70 000 Kreuzbandrisse weltweit. Es wurde wissenschaftlich nachgewiesen, dass ein Skischuh mit vermehrtem Flex im Sprunggelenk die verletzungsträchtigen Binnenkräfte, die beim Sturz zum Kreuzbandriss führen, vermindern kann (Kurpiers, 2010). Da jedoch Schuhe mit einer solchen (oder so verstellbaren) Eigenschaft bei weitem nicht im Zentrum der Produktpalette liegen, war trotz der immensen gesundheitlichen Bedeutung kaum Resonanz zu erzielen. Im Gegensatz zu der vormals vollkommen offenen Haltung von Prof. Hoppichler (vgl. S. 100 Mitte) konnte sich z.B. die derzeitige Leitung am österreichischen Bundessportheim in St. Christoph am Arlberg (weltweit bekannte Instanz für die

Entwicklung der Skitechnik) und auch einschlägige Kongressverantwortliche dort nicht entschließen, die Thematik aus unseren Arbeiten aufzugreifen.

Die oben angeführten Produktionsschwächen der Skischuhe veranlassten mich 1992 gemeinsam mit dem Buckelpistenexperten Jürg Biner aus Zermatt, Schweiz (vgl. S. 107) und wenig später mit weiteren ausgewiesenen Kennern der Materie (Prof. Senner und Dr. Brandauer, vgl. S. 107) eine Projektgruppe zu gründen, zunächst mit dem Ziel, auf wissenschaftlicher Basis die Bedeutung der Schaftbeweglichkeit des Skischuhes zu evaluieren. Zu diesem und verwandten Themen führten wir bis heute eine ganze Anzahl von wissenschaftlichen Studien durch. Die Darstellung ihrer Inhalte würde im Rahmen dieser Schrift zu weit führen. Im Hinblick auf die Praxis des Buckelpistenskilaufes haben sich mir dabei im Laufe dieser Jahre einige markante Sachverhalte gezeigt, die hier von Interesse sind:

Jürg Biner (vgl. S. 107) lernte ich 1991 im Skigebiet Zermatt kennen (1989 hatte er den Vizeweltmeistertitel Buckelpiste gewonnen.). Wie ich von ihm selbst und aus anderen Quellen erfahren habe, lag seine besondere Stärke im Umfeld der Weltspitzen-Gruppe darin, dass er besonders gut im Halten des Schneekontaktes war. Dazu nannte er mir gleich zu Beginn meiner bohrenden Fragen zur Buckeltechnik ein aus seiner Sicht wichtiges Hilfsmittel: „Du musst beim Ansatz des Schwunges versuchen, die Skier möglichst weit nach außen zu lenken. Dadurch passt du Dich der Geländeformation besser an." (Biner, 1991). Es werden aktuell teilweise gegenläufige Empfehlungen gegeben, was jedoch eher zum Verlust des Schneekontaktes führt (vgl. S. 80 und 81).

Bei unserem ersten Theorie-Gespräch 1992 in der Northwall-Bar in Zermatt, bei dem sich der Anstoß zu der Projektgründung ergab, kam ich sogleich auf die Schuhproblematik zu sprechen und trug ihm meine Meinung vor, dass beim Buckelfahren eine vermehrte Flexion des Skischuhschaftes nach vorne notwendig sei, dies insbesondere bei Personen mit gemessen an der eigenen Körpergröße relativ langen Beinen. Dem stimmte er sofort ganz entschieden zu und berichtete davon, wie er bei seinen Lehrveranstaltungen (Buckelpistencamp o.ä.) zunächst immer die ganze Truppe am Abend zu sich im Hotel in den Keller einlädt und mit Messer, Säge und Feile den Schuhschalen zu Leibe rückt, um den Schaft flexibler zu machen.

Im Skigebiet während meines damaligen Aufenthaltes in Zermatt trug sich einmal folgende Episode zu: Wir waren mit noch einigen Leuten aus Jürgs Umfeld in den Buckeln unterwegs und ein junger Mann trat hinzu, der sich als Buckel-Engagierter der Gruppe anschließen wollte. Man gab ihm vor, er solle doch mal eine Linie runterfahren, damit man sehe, wie weit er schon sei. Der Mann fuhr einigermaßen stilkorrekt und unten angekommen sagte jemand aus unserer Gruppe: „Das klingt ja schon mal nicht schlecht." Auf meine Frage, was da mit dem Klang gemeint sei, antwortete mir die Teilnehmerin, dass man in möglichst gleichmäßigem Rhythmus den Aufprall der Skier jeweils auf der Buckelflanke hören müsse. Erstaunt stellte ich fest, dass die Option Schneekontakthalten selbst im Umfeld von Jürg Biner kein Dogma war.

Später im Zweiergespräch befragte ich Jürg zu dem Dissens, auch erwähnte ich dabei, dass ja wohl im Reglement der internationalen Buckelpistenwettbewerbe die zu wertende Bedeutung des Schneekontaktes festgeschrieben sei. Er gab mir dazu drei Informationen:

- Bei den Wettkämpfen sitzen die Punktrichter meist unten im Zielraum. Von dort aus, in frontaler Sicht, kann man den Schneekontakt nur schlecht beurteilen. Eine zweite Sichtlinie von der Seite zur Beurteilung des Schneekontaktes, eventuell auch mit Dokumentation durch ein Video (analog Zieleinlaufkamera) sei als Wertungsinstrument bei weitem nicht vorgesehen. In dieser Frage sei man halt ein bisschen schlampig.

- Dann kam er wieder auf die Skischuhe zu sprechen und sagte, dass die Athleten mit dem handelsüblichen Material sich eben mit dem Schneekontakt viel schwerer täten. Um mir den Unterschied der beiden Fahroptionen (mit und ohne kontinuierlichen Schneekontakt) zu demonstrieren, führte er mir zwei kurze Abfahrten vor, einmal mit dem „Klang" (= ohne Schneekontakt) und einmal ohne den Klang (= mit kontinuierlichem Schneekontakt). Er fragte mich nach meinem Eindruck und ich musste feststellen, dass ich in der Bewegungseleganz keinen Unterschied ausmachen konnte. Er selbst wusste sehr wohl, dass er bei der „Klang"-Fahrt ohne kontinuierlichen Schneekontakt gefahren war. Er erklärte mir dazu, dass er die Endstrecken der Winkelbeweglichkeit seiner Skischuhschäfte nicht ausgenutzt habe.

- Weiterhin meinte er, dass man halt momentan das Spektakuläre liebe, in einer bestimmten Weise auch die Aggression, das mache den Schneekontakt und die sanfte Fahrweise weniger attraktiv. Aber „du wirst sehen, wenn die Zeit reif ist, werden die Leute von selbst einsehen, dass weichere Schuhe notwendig sind" (Biner, 1991).

Im Jahre 1994 organisierte ich am österreichischen Bundessportheim (Leitung Prof. Hoppichler, vgl. S. 107) in St. Christoph am Arlberg einen Projekttag zur Demonstration des Buckelpistenskilaufs, Teilnehmer: Jürg Biner, drei Skilehrer vom Bundessportheim (von Prof. Hoppichler ausgewählte Könner in Sachen Buckelpiste), sowie einige Kollegen vom gleichzeitig stattfindenden Ärztekongress. Am Übungshang hatten wir maschinell eine Buckelpiste hergerichtet (leichter bis mittlerer Schwierigkeitsgrad). Jürg Biner fuhr damals einen umgebauten Skischuh, der eine Flexion des Schaftes bis ca. 45 Grad frei gab. Die Videoanalysen der vier professionellen Teilnehmer zeigten, dass lediglich Jürg Biner in der Lage war, kontinuierlich Schneekontakt zu halten. Bei den drei Skilehrern ergaben sich jeweils Aufprallphasen. Die Erkenntnis war für mich schockierend: Vom Ski-Papst Prof. Hoppichler handverlesenen Skilehrer aus dem „Mekka" der Skitechnik waren nicht in der Lage, stilkorrekt Buckelpiste zu fahren (sofern man kontinuierlichen Schneekontakt als unabdingbares Kriterium vorgibt, was aus Gründen der Gelenk-Folgeschäden unbedingt zu fordern ist und was auch angeblich den Punktrichtern bei Freestyle-Wettbewerben u.a. als Urteilskriterium dient).

Beim gleichen Anlass in diesen Tagen regte ich eine Exkursion auf Normalpiste und im Tiefschnee gemeinsam mit zweien dieser Skilerer, Herrn Biner und mir an, um Verschiedenheiten in der skitechnischen Bewegungsausführung aufzuzeigen. Dabei lautete eine Aufgabe: geschnittene Schwünge, mittlere Radien auf mittelsteiler präparierter Piste. Die mangelhafte Ausführung dieser Aufgabe durch Vizeweltmeister Biner führte zu der Bemerkung der Skilehrer: „Du halt'st net richtig hi" (etwa: Du bringst nicht genügend Druck auf den Ski). Für mich war dies ein wichtiger, jedoch damals nicht ganz verstandener Hinweis auf den Technikunterschied zwischen Buckelpistenskilauf und Skilauf auf planer Piste, nämlich beidbeinig ähnliche Belastung gegenüber damals erforderlicher betonter Talskibelastung.

Im Jahre 2006 veranstaltete ich an der Technischen Universität München mit Unterstützung von Prof. Senner (vgl. S. 107) eine Arbeitssitzung zur Thematik Skilauf – Buckelpisten – Unfallgefahr. Teilnehmer waren etwa 25 Personen: Entscheidungsträger und leitende Vorstände u.a. aus den Gruppierungen Deutscher Skiverband, Deutscher Skilehrerverband, Trainer Nationalkader, Krankenversicherungsträger, Verband Deutscher Seilbahnen, Lehrstuhl Sportpsychologie TU München, ein Buckelpistenexperte, Alpenschutzkommission, mehrere einschlägige Tageszeitungen und Fachzeitschriften. Lt. Protokoll ergab sich u.a. folgender Konsens: Das Erlernen der Fahrtechnik auf welligem Gelände oder in der Buckelpiste ist ein notwendiger Bestandteil des Skilehrplans, um zusätzliche Freude an der Bewegung zu erleben und auftretende Gefahren besser zu beherrschen.

Heutige Situation in Deutschland, Österreich und der Schweiz im Jahr 2014:

Buckelpisten findet man meist nur in steileren Pistenabschnitten, flachere Hänge zum Lernen sind kaum zu finden. Wenn man in den teilweise großzügig vorhandenen Buckelpisten unterwegs ist, z.B. in Zermatt, trifft man teilweise über ganze Kilometer keinen Menschen. Von Skilehrern geführte Gruppen oder Einzelpersonen mit Skilehrern sieht man in Buckelpisten praktisch nicht. Dies steht in merkwürdigem Gegensatz zu den eingangs zitierten Bemerkungen engagierter Skiläufer (vgl. S 9, 2. Absatz) und vor allem zu dem oben benannten Anspruch der Skischulen und anderer Entscheidungsträger.

Und wie sieht die Zukunft aus? Eines ist sicher: Buckelpisten wird es immer geben, denn jeder mit Skiern befahrene Hang wird zur Buckelpiste, sofern Präparier-Maschinen ausbleiben. Die Entwicklung ist jedoch völlig offen, Stichworte: zunehmende Perfektion der präparierten Pisten zumindest in den Alpen - weltweite Asymmetrie der Buckelpisten-Präsenz (wenige in den Ostalpen, deutlich mehr in den Westalpen oder in den USA und Japan) - fehlendes Angebot von geeigneten Skischuhen - zunehmende Anzahl Freerider und Entstehung von Buckelpisten in Tal-Nähe - kaum Übungsprogramme in Skischulen - konstant bestehendes Trainingsangebot von Buckelpisten-Camps - wenig Unterstützung für Buckelpistenskilauf in Vereinen und Verbänden - Faszination dieser Sportart durch Eleganz der Bewegung und sportlichen Anspruch - Verbreitung der falschen Meinung über unausweichliche Gelenkschäden - hoher Gesundheitswert bei Beachtung des erforderlichen Schneekontaktes. Man ist also hin- und hergerissen und wir blicken für diese Art des Skilaufs auf eine spannende Zukunft.

K. Erklärung einiger Ausdrücke

alphabetische Reihung,
*) nicht allgemein übliche Fachausdrücke, die jedoch aus Gründen der sprachlich-bildlichen Erklärung so gewählt wurden.

- Absorption: Einer von außen einwirkenden Kraft wirkt die Kraft der betroffenen Muskeln bei gleichzeitigem Nachgeben entgegen, z.B. die Kraft des vorderen Oberschenkelmuskels beim Landen nach einem Sprung
- Alpine Grundposition*): Damit wird die Position des Skiläufers ab Kurvenmitte bis zu deren Ende beschrieben. Sonst gab und gibt es dafür u.a. folgende Bezeichnungen: Steuerphase, Vorseitbeuge, Bereich Kurvensteuerung (= Terminus im aktuellen DSV-Lehrplan, Burger et al. 2012)
- Arthrose: Gelenkstörungen und schädliche Gelenkverformungen, die das altersübliche Maß übersteigen
- Biomechanik: Wissenschaftszweig im Bereich der Sportwissenschaft. Weist verschiedene Schnittstellen mit anderen Disziplinen auf, u.a. Biologie, Medizin, auch Ingenieurwesen. Befasst sich u.a. mit den Bewegungseigenschaften lebender Systeme und deren Funktionalität (z.B. Gelenkwinkel. Verlauf des Körperschwerpunkts, Kraftverhältnisse, Belastungen etc.).
- Blockierung: vollständiger oder teilweiser Bewegungs-Stop aufgrund von Verkrampfungen der Muskulatur, die auch länger andauern kann.
- Driften: Der Ski fährt nicht entlang seiner Kante (=schneiden), sondern bei der Fahrt ist eine Querstell-Komponente im Verhältnis zur Fahrtrichtung dabei, so dass mehr oder weniger

Bremswirkung erzeugt wird, je nach Stärke der Querstellung. Der Ski rutscht also über die Kante seitlich (Unterscheidung von Einwärts-Driften zu Beginn eines Schwunges, wenn die Spitzen mehr Schwung-einwärts driften, und Auswärts-Driften zum Ende eines Schwunges, wenn die Enden mehr Schwung-auswärts driften, vgl. Kassat, 2000).
- Externe Kräfte: Kräfte, die von außen auf das System Ski/Skifahrer wirken, z.b. beim Auffahren auf eine ansteigende Fläche entsteht ein vermehrter Druck (hier = Kraft) gegen die Unterfläche der Skier.
- Exzentrische Muskelkontraktion (=exzentrisches Nachgeben): Begriff aus der Medizin/Biomechanik: Ein Muskel dehnt sich aus, wird länger. Seine Fasern bewegen sich also von seinem Zentrum weg (lateinisch: ex = von etwas weg). Gleichzeitig erzeugt aber der Muskel eine Kontraktionskraft gegen die von außen wirkende Kraft. Die äußeren Kräfte sind jedoch stärker als die des Muskels und daraus ergibt sich eine Dehnung, ein „Nachgeben" des Muskels.
- Flexion: Beugung, z. B. beugen eines Gelenkes
- Hängegleichgewicht: Bis zur Altersstufe 6 bis 8 Jahre nehmen die Kinder noch nicht das Pendelgleichgewicht entlang der Längsachse wahr, deswegen spricht man vom Hängegleichgewicht.
- Kardio-pulmonale Ausdauer: Kardio = zum Herz gehörig, pulmonal = zur Lunge gehörig. Damit ist also die allgemeine sportliche Ausdauer-Leistungsfähigkeit gemeint.
- Kompression: Terminus zur Beschreibung der Zentrifugalkräfte, die mit ihrer Wirkung ein „Zusammenpressen" des Körpers während der betreffenden Kurvenpassage bewirken würden, wenn der Fahrer nicht mit einer verstärkten Muskelanspannung (der Beine u.a.) gegenhalten würde.
- KSP = Körperschwerpunkt
- Neuromuskuläre Vorbereitung, -Koordination: eine Eigenschaft unseres Bewegungssystems, die aufgrund des effektiven Zusammenspiels zwischen Nerven und Muskeln gegeben ist und teilweise unterbewusst funktioniert.

- Plane Piste: durch Präparation hergestellte ebene Pistenform auf einem Hang mit mehr oder weniger Gefälle
- Prallhang*): Vom Wellenkamm des Buckels kommend hat der Fahrer vor sich: die abfallende Hügelfläche des aktuell befahrenen Buckels, dann das Wellental oder die Mulde, dann die ansteigende Hügelfläche des nächsten Buckels. Die Steuerphase des Schwunges kann in jedem dieser drei Abschnitte ausgeführt werden. Für die im Hauptteil hier beschriebene Technikvariante ist jedoch die Fahrt im Bereich von der Mulde bis etwa zur Mitte der ansteigenden Buckelfläche anzuzielen. Über dieser Fläche wird der stärkste Druck während des gesamten Schwunges ausgeübt. Bildlich gesprochen: Wie die Wucht eines meandrierenden Flusses, der seine Wassermassen geschmeidig und mit vermehrtem Druck in die Kurve des Prallhanges (Fachausdruck aus der Geografie) führt. Sonst wird diese Fläche auch als Buckelflanke bezeichnet, was leider auch ein unbefriedigender Ausdruck ist, weil eine Flanke normalerweise einer Längsrichtung zugeordnet wird, während die hier zu benennende Fläche eine mehr quer verlaufende ist.
- Progredient: mit kleiner Dosis beginnend kontinuierlich zu großer Dosis fortschreitend, hier z.B. beim Aufkanten der Skier während des Schwunges
- Steuerphase: damit ist in etwa die zweite Hälfte eines Schwunges gemeint
- Tiefschwung: Es existieren dazu andere Bezeichnungen oder auch abweichende Technikbeschreibungen: Tiefentlastungsschwung, Ausgleichsschwung, Beugedrehen, ABS-Technik (für andrehen, beugen, strecken), in manchen Schriften fehlt eine spezielle Bezeichnung (Burger et al., 2012). Im Kern geht es immer um die Anpassung an die Wellenform der Piste.

L. Dank

Es ist mir ein Anliegen, mich bei den Freunden und Bekannten zu bedanken, die mir den Zugang zur Buckelpistentechnik ermöglicht und durch die Unterstützung der Projekte mir geholfen haben, mit dieser Schrift etwas Transparenz in die für viele Skiläufer so rätselhafte Buckelpistentechnik zu bringen (alphabetische Reihung): Alfred Bitschi, Jürg Biner, Dr. Thomas Brandauer, Lara Frost (Athletin für die Bilderfolgen), Prof. Nicolas Kurpiers, Dr. Walter Kurpiers, Prof. Veit Senner.

M. Personenregister

*) Mitglieder der erwähnten sportmedizinischen Projektgruppe

Biner, Jürg, staatl. geprüfter Skilehrer und Bergführer, vormals Direktor Tourismusverband Zermatt, Schweiz und dortiger Hotelier, Vizeweltmeister Freestyle (Buckelpiste) 1989*)

Bitschi, Alfred, staatl. geprüfter Skilehrer und Bergführer in Brand, Vorarlberg, Österreich

Brandauer, Dr. Thomas, Leiter der sportpsychologischen Abteilung am Landessportinstitut in Klagenfurt, Kärnten, Österreich *)

Frost, Lara, Gymnasiastin in Berchtesgaden, Bayern, Mitglied B-Nationalkader Freestyle-Buckelpiste des Deutschen Skiverbandes

Hoppichler, Professor Franz, verstorben 1995, 1972 – 1995 Ausbildungsleiter der Österreichischen staatlichen Skilehrerausbildung in St. Christoph am Arlberg, Lehrtätigkeit an der Universität Innsbruck

Kruckenhauser, Professor Stefan u. a. 1946 bis 1972 Leiter der österreichischen Skilehrerausbildung und des Bundessportheims St. Christoph am Arlberg

Kurpiers, Professor Dr. Nicolas, Bereich Bewegungswissenschaft und Gesundheitssport Stiftung Universität Hildesheim, erfahrener Wettkampffahrer Buckelpiste natioal und international (Kader).

Kurpiers, Dr. Walter, Vater von Nico Kurpiers, emeritierter Dozent für Sportwissenschaften an der Universität Münster

Senner, Professor Dr.-ing. Veit, Leiter des Bereiches Sportgeräte und -materialien an der Technischen Universität München; staatlich geprüfter Skilehrer *)

N. Literatur

Biner, J. (1991). Weiche Schuhe in der Buckelpiste. In W. Olbert (Ed.). 03.04.1991, Zermatt, Schweiz.
Buchanan, E. Snowpress innovation awards – knee binding. *Snowpress.*
Burger, R., Filipitsch, A., Müller, B., & Reinboth, F (2012). *Offizieller DSV Lehrplan Ski Alpin – Technik – Unterrichten – Praxis.* Planegg.
Holzmann, M., & Henner, N. (2013). *Besser Skifahren: Das Trainings-Buch:* BLV
Kassat, G. (2000). ….*doch die Piste dreht die Ski.* Buende-Germany: Fitness Contur Verlag.
Kuchler, W. (1989). *Die neue Skitechnik: leichter Skifahren Schwung für Schwung:* Rowohlt.
Kurpiers, N. (2010). *Dynamics of freestyle skiing – Equipment development and implications of injury prevention strategies. Unpublished PhD thesis.,* The University of Auckland, Auckland, New Zealand.
Lohninger, H. (2013). Arlberg Freeride Fibel
    Retrieved 21.11.2014
Publow, B. (1999). *Speed on skates* (Vol. 343): Human kinetics Champaign, IL.